「青家」のごはん

aoya

はじめに

今、私が働いているこの場所は、
「夢」がかたちになったものです。

「夢日記を書きなさい」。それは1年後、5年後、10年後、
自分がどんなふうに生きていきたいか、イメージするための訓練のひとつ。
最初に一緒にお店を始めた、そして今は亡き、大好きだった姉からの宿題でした。
その中に私は、「目黒区青葉台あたりの、二階建て、庭付きの一軒家で
『青家』というお店を出したい」ということを書いていたのです。
京都から取り寄せた伝統京野菜をはじめ、こだわりの京素材と旬の食材で作る
おばんざいと韓国家庭料理のお店「青家」。
今、私が働いているこの場所は、そのときの「夢」が、かたちになったものです。
毎日見にきては、「ここでお店をやりたい」と願い、何とか不動産屋さんをさがし当てました。
当時ちょうど空き家になったこの一軒家を見つけ、「思い描いたとおり」と驚き、
住宅地なので、店舗として貸し出すつもりはないという大家さんに
「何年でも待ちますから、心変わりをされることがあったら、必ず連絡してほしい」と。
最終的には「7年だけなら、いいでしょう」とお許しをいただき
念願のお店をオープンしたのが2005年秋のこと。ありがたいことに、
7年の約束を過ぎた今も、ご厚意でお店を続けることができています。

おばんざいという料理自体、
気持ちを張らないでも食べられるのがいいところ。

お店でお出ししている料理は、私が子どもの頃から食べてきた
京都のおばんざいと韓国の家庭料理を融合させたもの。
ふたつには共通することが多いように思います。
季節感を大切にすること、野菜をたっぷりいただくこと、食べ続けることで
自然と家族の健康を育んでいくこと。
そしてそれらは数年前、中医薬大学で学んだ薬膳の理念とも重なるものだと思っています。
おばんざいという料理自体、一流のシェフの方々の作られる「作品」のような
料理ではなくて、気持ちを張らないでも食べられるのがいいところ。
まるでわが家に帰ってきたときのようにくつろいだ気持ちになっていただきたくて
お店の空間づくりも料理と同じように、手作りが基本です。築40年以上の一軒家は、
借りると同時に天井と床を抜いて改装を始め、奥からしっかり掃除しました。
自分たちの手を動かして、壁を塗り、什器ひとつひとつを手作りして。
お料理と同じように、どこか未完成な部分を残し
ずっと手を入れながら進化していけるようにと考えたのです。
この本では、そんな「青家」でお客さまにお出ししてきたメニューを季節ごとに紹介しています。

できるだけご家庭で作りやすいような
レシピを心がけました。

「青家」の料理は、もともとわが家の家庭料理がルーツです。
食べて覚えるのが当たり前な家庭だったということもあり、
お店にも「レシピ」というものはあまりありません。
さらに、一度にたくさんの量を仕込むので、家庭料理とは勝手が違う部分もあります。
そこで、何度も試作を重ね、工程の部分でも多少の手間を省き
できるだけご家庭で作りやすいレシピを心がけました。
工程が多すぎて、材料も手に入りにくく、お店のように何日もかけて作るお料理、
たとえば「青家」名物の「辛鍋」などは、のぞいています。
また「青家」は、京都で１００年以上前の原種のまま伝統京野菜を育てている
農家さんから、週に何度か野菜を送ってもらっています。
自分が生まれ育った土地は特別ですし、夏は逃げ場のない熱気、冬は肌をさすような寒さ、
そういう苛酷な土地で育った野菜の力強い味わいは、何にも替えがたい魅力だからです。
この本は「青家のごはん」に近づけるため、京都産のものをいくつか使っています。
もし興味を持っていただいて、機会があるなら、
それらのおいしさを試すきっかけに、この本がなれたらうれしく思います。

もくじ

〔 〕の中の数字は、お料理の作りかたのページです。

この本の決まりごと
・大さじ1は15㎖、小さじ1は5㎖、1合は180㎖です。
・揚げ油の温度は「低温」は160℃（乾いた菜箸を入れて、小さな泡がぽつぽつ出る程度）、「中温」は170℃（菜箸の先から細かな泡が絶え間なく出てくる程度）、「高温」は180℃以上（菜箸全体から大きな泡がたくさん出てくる程度）を目安にしてください。
・分量にある「適量」とは、味見をして、そのときの好みに応じて調節した量のことです。

第1章「定番」

季節ごとの味わいを大切にしている「青家」ですが
一年を通じてお出ししている料理もあります。
その定番料理たちが、こちら。
いつお出ししても自然に食卓になじむ味わいで
ほとんどの料理が、京都で生まれ育った私がかつて
家庭で食べていたおばんざいがベースになっています。
実を言うと、私は性格が飽きっぽいほうなので
「このメニューはそろそろ変えようかな？」と
思うことも、何度かありました。
けれどそのたびに、お客さまたちから「それは困る」
「またあのお料理が食べたい」というご要望をいただき
「定番」として残り、愛されてきたメニューです。

鶏の唐揚げ

季節野菜と生麩のたぬき

鶏の唐揚げ

材料（2～3人分）

鶏もも肉 ……………………… 400g

A
- 酒 …………………… 大さじ1
- 薄口しょうゆ……… 大さじ1
- きび砂糖 …………… 小さじ2
- 酢 …………………… 小さじ1
- 白こしょう ……………… 適量
- しょうが（すりおろし） …………………… 大さじ1
- にんにく（すりおろし） …………………… 小さじ1

片栗粉 ………………… 大さじ4
揚げ油 ……………………… 適量

作り方

① 鶏もも肉は血や黄色い脂を取りのぞき（a）、ひと口大に切る。

② Aをボウルに入れて混ぜ、❶を加えてもみ込み1時間以上置く（ひと晩置いてもよい）。

③ ❷に片栗粉を入れて手で混ぜる。揚げ油を低温（160℃）に熱し、肉を揚げる。火が通って泡が細かくなったら、最後に高温（180℃）にし、からりと揚げる。

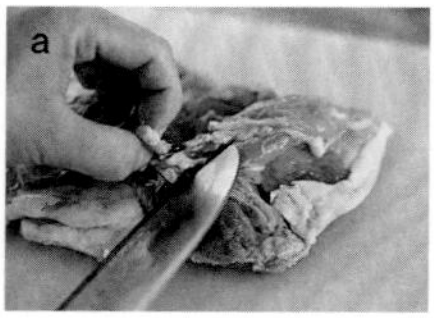

血や脂をていねいに取ることで、くさみが取れる。

子どもから大人まで、幅広く人気の唐揚げ。たれの中に酢と砂糖が入ることで、口当たりがふんわりして冷めてもおいしく仕上がるので、お弁当のおかずなどにもおすすめ。片栗粉と酒が混ざることで、衣がパリッとする効果も。お店ではたれに長く漬け込むことで、よりお酒にも合う味わいにしています。

季節野菜と生麩のたぬき

材料（2人分）

里いも……………………… 小2個
にんじん………………………20g
れんこん………………………30g
万願寺とうがらし
………1本（またはししとう2本）
京揚げ…………………………15g
五穀生麩…………… 40g(2切れ)
ぎんなん（あれば）………… 適量
片栗粉………………………… 適量

A
だし（P19参照）………300mℓ
酒……………………… 大さじ1
薄口しょうゆ…… 小さじ2
みりん……… 小さじ1～1½
塩………………… ひとつまみ

片栗粉……………… 大さじ1
だし（P19参照）…… 大さじ1

揚げ油………………………… 適量
しょうが（すりおろし）……… 適量

作り方

① 里いもは少量の水と一緒にふた付きの鍋に入れ、中火にかけて蒸し、皮をむく。にんじん、れんこんは半分に切って水と一緒に鍋に入れ、軽くゆで、ざるに上げる。万願寺とうがらしは縦に切れ目を入れて開き、種を取り半分に切る。京揚げはざるに入れ、熱湯をさっとかけ、油抜きをして、半分に切る。ぎんなんは殻を取り、ゆでて薄皮をむく。水けのある食材は、キッチンペーパーで拭いておく。

② 揚げ油を低温（160℃）に熱し、にんじん、万願寺とうがらし、ぎんなんを素揚げする。続けて片栗粉をまぶした里いも、れんこん、生麩を揚げる。

③ 鍋にAを入れ中火にかけ、温まったら京揚げを入れる。だしで溶いた片栗粉を少しずつまわし入れて混ぜ、あんを作る。❷の具材を入れて火を止め、器に盛り、しょうがをのせる。

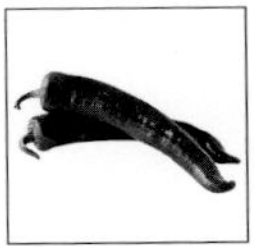

万願寺とうがらし
代表的な京野菜のひとつで、果肉に厚みがあり、食感がやわらかく、甘味があるとうがらし。京都では夏から秋に出まわります。種も少ないので、調理しやすいのが特徴。

五穀生麩
精進料理でもおなじみの、小麦から作られるグルテンを主原料にした食材。「青家」では京都の生麩職人さんに、五穀を配合したオリジナルを作っていただいています。通販も可能。

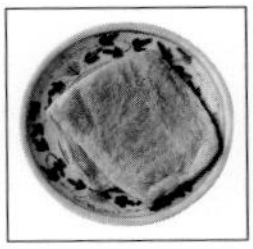

京揚げ
いわゆる油揚げですが、京都のおいしい水と良質な原料にこだわった「京揚げ」は、味わいも格別で、サイズも大きく（26cm×12cmほど）、ふっくら肉厚なのが特徴。

京都では「あん＋おろししょうが」がのったうどんを「たぬき」と呼ぶので、それにちなんで名づけました。子どもの頃から母がその時季に手に入る野菜を使って、作り続けてくれた家庭の味で、お店を始めるときに「絶対に入れたい！」と思っていたメニューです。夏にはなす、パプリカなどもおすすめで、片栗粉をはたいた長いもなどもおいしい。冬は里いもの代わりにえびいも、にんじんの代わりに京にんじんを使います。色も食感もさまざまな具材を取り合わせ、「季節を食べている」というようなご馳走感も楽しめる一品です。

青家の地鶏滋養スープ

京水菜とお揚げの炊いたん

青家の地鶏滋養スープ

材料（4～6人分）

地鶏の鶏ガラ……………………1羽分
地鶏骨付きもも肉
……………………2～3本（800g）

A
- 水……………………………3ℓ
- しょうが（薄切り）…………2枚
- にんにく……………………1片
- 長ねぎ（青い部分／あれば）……………………………1本分
- 朝鮮にんじん（あれば）……1本
- もち米………………大さじ3
- 塩…………………………小さじ½

<鶏団子>

鶏ひき肉……………………200g
長ねぎ………………………10cm
しょうが……………………1片
大和いも……………………40g
酒………………………大さじ1
塩………………………小さじ¼
白こしょう……………………適量

作り方

① 鍋に湯を沸かし、沸騰したら鶏ガラを入れ、完全に色が変わるまで下ゆでする。ざるに上げ、水でていねいに洗い、内臓を取る（a）。大きいかたまりは、手で少し割っておく（b）。骨付きもも肉も表面の色が変わるまで下ゆでし、水で洗ってざるに上げる。

② 大きな鍋に❶とAを入れて弱～中火にかけ、アクと脂を取りながら鶏肉がふわっとやわらかくなるまで1時間ほど煮る。

③ 長ねぎ、しょうがはみじん切り、大和いもはすりおろす。鶏団子の材料すべてをボウルに入れ、しっかり混ざるまでよく混ぜる。

④ ぬらした手かスプーンで❸を丸めて❷に入れ、アクを取り、火が通ったら、塩、こしょう（各分量外）で味を調える。鶏ガラは食べるときに残すか、スープから取りのぞく。

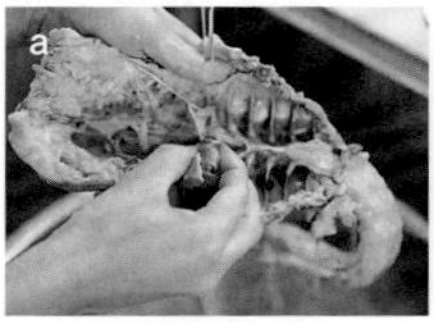

骨の間に詰まった部分も、指でかき出すように取りのぞく。

骨を数か所割っておくと、スープに味が出やすくなる。

朝鮮にんじん

別名「高麗にんじん」。古くから滋養強壮に効く生薬として重宝されてきました。参鶏湯には欠かせない素材。「青家」では韓国で買いつけたものを、冷凍保存して使っています。

「青家」で人気の「滋養美肌鍋」、いわゆる参鶏湯を、一般の家庭でも作りやすいよう、材料も少なめにし、簡単に作れるスープにアレンジしてみました。韓国では冬はもちろん、汗をかいて体力が落ちがちな夏に食べることも多いメニューです。肉団子に大和いもなど山いもを入れると、煮てもかたくならず、ふんわりなめらかな食感に。山いもは薬膳でいう補気作用（生命エネルギーである「気」を補い、疲れた身体を元気にしてくれる作用）が豊富で、別名「山の薬」とも呼ばれます。

京水菜とお揚げの炊いたん

材料（2人分）

京水菜 ………………………… ½束
京揚げ（P15参照）…………… 50g

A
- だし …………………… 150mℓ
- 薄口しょうゆ ……… 小さじ2
- 酒 …………………… 小さじ1

柚子皮 ………………………… 適量

作り方

① 京水菜は5㎝長さに切る。京揚げはざるに入れ、熱湯をさっとかけ、油抜きをして、1㎝幅×4㎝長さの細切りにする。柚子皮はせん切りにする。

② 鍋にAを入れて中火にかけ、京揚げを入れ弱火で2分ほど煮たら中火にし、水菜を入れる。かさが減って軽くしんなりしたら火を止め、余熱で火を入れるようにしてでき上がり。味見をして好みで塩を足し、器に盛り、柚子皮をのせる。

一瞬「だしがこんなに少なくて平気なの？」と思うかもしれませんが、水菜から水分が出るので大丈夫。「水菜だし」で食べているような仕上がりです。火を入れすぎず、あえてシャキシャキ感を残すことをくれぐれも意識してください。京水菜は軸が白くて細く、香りが高く、歯ごたえがやわらかいのが特徴です。

だしの取り方

材料（作りやすい分量）

＜一番だし＞
水 ……………………………… 1ℓ
昆布 ………………………… 6g
かつおぶし ……………… 25g

＜二番だし＞
水 ……………………………… 1ℓ
かつおぶし ……… ひとつかみ

作り方

① 水1ℓに昆布を入れ、1時間以上置く（前日からでもよい）。

② ❶を鍋に入れ弱～中火にかける。昆布にぷつぷつと水泡がつき、菜箸でつまんで、手でさわってみて（やけどに注意）、やわらかくなったら沸騰直前で火を止め（**a**）、かつおぶし25gを一気に入れる。かつおぶしが沈んだら（**b**）、静かに漉す（**c**／一番だし）。

③ 一度使った昆布とかつおぶし（**d**）を鍋に入れ、水1ℓとかつおぶしひとつかみを足して中火にかけ、沸騰したら火を弱め、10～15分煮て漉す（絞ってもよい／二番だし）。

だしの使い分け →
だしの味わいを存分に楽しみたいお吸い物やお味噌汁、「季節野菜と生麩のたぬき」（P15）、「聖護院かぶらのかにあんかけ」（P120）などのあんかけものには、一番だしがおすすめ。そのほかの煮物やおひたしなどは、二番だしでも充分においしく作れます。

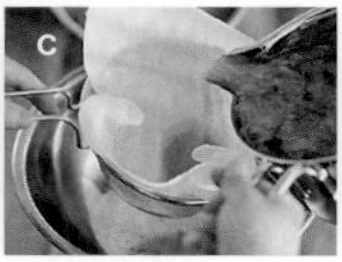

きつね

切り干し大根とザーサイの卵焼き

じゃがいもゴルゴンゾーラ

きつね

材料（4人分）

京揚げ（P15参照）……………1枚
白味噌……………………大さじ2
酒………………………大さじ1⅓

作り方

① 京揚げはざるに入れ、熱湯をさっとかけ、油抜きをして、半分に切る。

② 白味噌に酒を混ぜ、ホワイトソースくらいのかたさにする。❶の両面に塗り、密閉容器に入れ、空気に触れないように上からぴっちりラップを張り、冷蔵庫で1日以上寝かせる。

③ アルミホイルにはさみ、焼き網にのせ、弱火で両面焼く（a）。よく温まったらアルミホイルを外し、両面に軽く焼き色をつける。好みで柚子こしょうを添えてもよい。

※1枚ずつラップにぴっちり包み、冷凍庫で約1か月保存可能。冷凍したものは解凍せず、そのまま網にのせても大丈夫。

ときどきアルミホイルをめくって、焼け具合を確認しながら。

京都のおいしいお揚げを、主役にして食べてもらいたい！ そんな思いから考えたメニュー。やはり京都らしい調味料、白味噌に漬け込んで、滋味深い味わいに仕上げました。味噌は焦げやすいので、焼き始めはアルミホイルに包んでじんわり火を通し、最後に外して、香ばしい焼き色をつけます。

切り干し大根とザーサイの卵焼き

材料（2人分）

卵………………………………2個
切り干し大根
……………10g（戻したもの20g）
ザーサイ……………………30g
ごま油…………………小さじ2

作り方

① 切り干し大根は食感を残す程度に水で戻して水けを絞り、みじん切りにする。ザーサイもみじん切りにする。ボウルに卵を割りほぐす。

② 玉子焼き器にごま油を入れて弱火に熱し、切り干し大根とザーサイを炒める。火が通ったら卵を一気に入れる。

③ 菜箸で混ぜ、底が固まってきたらフライ返しで3つ折りにし（a）、弱火のまま両面をこんがりと焼く。食べやすい大きさに切り、器に盛る。

底がくっつきやすかったら、折り返す前に端から油を足すとよい。

お店ではふんわりやさしい食感のだし巻きも人気ですが、こちらの卵焼きはごま油でしっかり焼き色をつけ、香ばしく焼き上げました。ザーサイの塩けと切り干し大根の食感が、クセになる味わいです。3つ折りにしただけなので、何度も巻き込むだし巻きと比べて簡単で、失敗知らずです。

じゃがいもゴルゴンゾーラ

材料（2人分）

じゃがいも …………… 1個（150g）
ゴルゴンゾーラチーズ ……… 15g
香りバター ……………………… 30g
生クリーム ……………… 大さじ2
塩 ………………………… ふたつまみ
黒こしょう ……………………… 適量

作り方

① じゃがいもは水でよく洗い、芽があれば取り、皮がかたそうならむいて食べやすい大きさに切る。少量の水と一緒にふた付きの鍋に入れ、中火にかけて蒸す。竹串がすっと通ったら湯を捨て、鍋を火にかけ水けを飛ばし、粉ふきいもにする。

② 小鍋にゴルゴンゾーラチーズ、小さく切った香りバター、生クリーム、塩を入れ、混ぜながら弱火にかける。溶けてきたら❶を加え、味見をして足りなかったら、塩で味を調える。全体がよくからんだら器に盛り、こしょうをたっぷりふる。

ワインに合うメニューとして考えた一品です。ゴルゴンゾーラチーズは冷凍保存もできるので、ちょっとしたお酒のおつまみが欲しいときに、覚えておくと便利。チーズのソースは強火にすると分離してしまうので、弱火でよく混ぜながら、じゃがいもにしっかりからめるのがポイントです。「青家」では無農薬の野菜を使っていますが、皮にも味わいがあるので、じゃがいもに限らず、れんこんやにんじんなどで「さつまあげ」（P128）やきんぴらを作るときも皮つきのまま使います。

香りバターの作り方

材料（作りやすい分量）

バター（無塩）…………… 100g
パセリ ……………………… ¼袋
にんにく …………………… 1片
塩 …………………… 小さじ⅔
白こしょう ……………… 適量

作り方

① バターは2㎝角に切り、ボウルに入れて常温に戻す。パセリ、にんにくはみじん切りにする。

② ❶のバターにパセリ、にんにく、塩、こしょうを入れてゴムべらでよく混ぜる。すぐに使うもの以外は、3〜4等分の小分けにしてラップに包む。

※冷凍庫で約1か月保存可能。

こちらでも使えます → きのこの香りバター炒め（P115）、地鶏と切り干し大根の香りバター炒め（P121）に。ほかにも、魚や肉のソテー、野菜料理のコク出しなど、いろいろな料理に使える調味料です。

京水菜と大根のシャキシャキサラダ

赤サラダ

白サラダ

京水菜と大根のシャキシャキサラダ

材料（２～３人分）

京水菜 ………………… ⅓束（70g）
大根 …………………………… 50g
りんご（またはなし）
……………………… ½個（100g）
大葉 …………………………… ２枚
白ごま ………………………… 適量

＜ドレッシング＞
千鳥酢 ………………… 大さじ１
薄口しょうゆ ………… 小さじ２
ごま油 ………………… 小さじ１
きび砂糖 ……………… 小さじ¼
にんにく（すりおろし）……… 少々

作り方

① 京水菜は４㎝長さに切る。大根は皮をむき､りんごは皮ごと、それぞれせん切りにする。大葉もせん切りにする。
② 大根と水菜はたっぷりの水にひたし、５分ほど置いてパリッとしたら、しっかり水けをきる。
③ ボウルにドレッシングの材料を入れてよく混ぜ、❷、りんごを入れてあえる。器に盛り、大葉をのせ、ごまをふる。
※ドレッシングは冷蔵庫で約１か月保存可能。

韓国ではフルーツを調味料的に使う料理が多いのですが、こちらもりんごの甘さで野菜のおいしさを際立てたサラダ。ドレッシングにきび砂糖を入れることで、しょうゆの角が取れ、まろやかな味わいに。大根は、繊維にそった縦切りのほうがシャキッとした食感が楽しめます。りんご（なし）の味わいがポイントになるので、必ず甘くて、おいしいものを使ってください。

赤サラダ

材料（3～4人分）

野菜（かぶ、クレソン、春菊、えごまの葉など）……………………… 適量

＜ドレッシング＞
千鳥酢 ………………… 大さじ1½
薄口しょうゆ ……… 大さじ1⅓
きび砂糖 ………………… 小さじ2
ごま油 …………………… 小さじ2
とうがらし（粉末）
…………………… 小さじ1～2
にんにく（すりおろし）……… 少々

作り方

① 野菜をそれぞれ食べやすい大きさに切り、ボウルに入れる（直径26cmのボウルに軽く1杯分程度）。ドレッシングの材料を混ぜ、野菜とあえる。

※ドレッシングは冷蔵庫で約1か月保存可能。

白サラダ

材料（3～4人分）

野菜（サニーレタス、オクラ、パプリカ、プチトマト、えごまの葉）、わかめなど ……………………… 適量

＜ドレッシング＞
千鳥酢 ………………… 大さじ1½
薄口しょうゆ ………… 大さじ1
きび砂糖 ……………… 小さじ1½
ごま油 ………………… 小さじ1½
にんにく（すりおろし）……… 少々

白ごま ……………………… 適量

作り方

① 野菜とわかめをそれぞれ食べやすい大きさに切り、ボウルに入れる（直径26cmのボウルに軽く1杯分程度）。ドレッシングの材料を混ぜ、野菜とあえ、ごまをふる。

※ドレッシングは冷蔵庫で約1か月保存可能。

たっぷりの野菜で →

葉野菜、根菜、果菜と、いろいろな種類の野菜をバランスよく組み合わせて。パプリカは食感もよく、見た目も華やかになるのでおすすめ。薬味野菜を入れると味に奥行きが出ます。

えごまの葉
韓国料理には欠かせない薬味野菜で、ごはんや焼肉を包んで食べたりするのによく活用します。えごまの葉のような香りのいい野菜は、「気」の巡りをよくする効果も。

その時季手に入る野菜を取り合わせ、ドレッシングの色の違いで「赤サラダ」「白サラダ」と分けています。「赤」は辛さがまろやかな韓国の粉末とうがらしを使い、酸味とのバランスがよく、お酒にも合う味わいで、「白」は京野菜など繊細な味わいの野菜をたっぷり食べるために考えたドレッシングです。具材はサニーレタス、パプリカ、きゅうり、プチトマト、小かぶ、オクラ、いんげん、スナップえんどう、わかめなど好みのものを。「青家」ではいつも、えごまの葉1枚をせん切りにして入れますが、手に入りにくければ大葉でもおいしいです。

九条ねぎのパジョン

九条ねぎのパジョン

材料（4人分）

九条ねぎ……1本（細ければ2本）
玉ねぎ……¼個
いかげそ……1杯分
プッコチ（青とうがらし／あれば）……⅓本

A
- 薄力粉……¼カップ（25g）
- 上新粉……¼カップ（25g）
- 卵……½個
- 水……90mℓ
- 塩……ひとつまみ

ごま油……適量

<たれ>
濃口しょうゆ……大さじ1
酢……大さじ½
ごま油……小さじ¼
にんにく（すりおろし）……少々
白ごま……適量

作り方

① 九条ねぎは斜め切り、玉ねぎは薄切りにする。いかげそは食べやすい大きさに切り、プッコチは小口切りにする。

② ボウルにAを入れて混ぜ、❶を加え、よく混ぜる。具が多く、粉が足りないようなら薄力粉を水で溶いたもの少々（分量外）を加えるとよい。

③ フライパンに多めのごま油を入れて弱火にかけ、❷を丸く広げ、両面がかりっとするまでじっくり焼く（a）。たれの材料を混ぜて添える。

小分けして焼いたほうが、油切れもよくなり、香ばしい仕上がりに。

九条ねぎ
京野菜のひとつ。関東地方でよく見られる長ねぎ類と比べて青い部分が多く、やわらかで、辛味が少なくまろやかな味わい。「青家」のねぎは、ほとんどこれを使っています。

プッコチ
韓国料理には欠かせない青とうがらし。赤とうがらしとは違った、さわやかでしっかりとした辛味が特徴。「青家」では韓国から取り寄せ、小口切りにして冷凍保存して使っています。

「パ」は「ねぎ」、「ジョン」は「焼きもの」という意味。京野菜の九条ねぎを、たっぷり入れました。上新粉が半分入っているので、もちもちとした食感に。油を少し多めに入れるのがコツで、揚げ焼きに近い感じにすると、外はかりっと、中はしっとり仕上がります。無味の油で焼き、風味づけにごま油を足してもよいです。

えびれんこんまんじゅう

材料（4個分）

えび（殻付き）………………… 100g
れんこん …………………… 100g
大和いも …………………… 20g
片栗粉 ………………… 小さじ1
塩 …………………… ふたつまみ

＜あん＞

A
- だし（P19参照）………… 500mℓ
- 酒 …………………… 大さじ1
- 薄口しょうゆ ……… 大さじ1
- みりん ……………… 小さじ2
- 塩 ……………………… 適量

- 片栗粉 ……………… 大さじ2
- 水 …………………… 大さじ2

片栗粉、揚げ油 ………… 各適量
生湯葉 ……………………… 適量
九条ねぎ（小口切り）、しょうが（すりおろし）、あられ …… 各適量

作り方

① えびは殻をむき、あれば背わたを取って、ぬめりとくさみを取るために片栗粉でもみ、水洗いする。キッチンペーパーで水けを拭き、半量はぶつ切り、半量は包丁で細かくたたく（a）。れんこんは皮をむいて3分の1をすりおろしてざるに入れ、軽く絞り、残りはみじん切りにする。

② ❶をボウルに入れ、すりおろした大和いも、片栗粉小さじ1、塩を加えよく混ぜる。4等分にして丸め、ラップに包み、蒸気の上がった蒸し器に入れ、強火で10分ほど蒸す。

③ 粗熱がとれた❷に、片栗粉適量をまぶす。揚げ油を中温（170℃）に熱し、表面がかりっと香ばしくなるまで揚げる。

④ 鍋にAを入れて中火にかけ、温まったら生湯葉を入れる。水で溶いた片栗粉を少しずつまわし入れて混ぜ、あんを作る。塩は味見をしながら足していく。

⑤ ❸を器に盛り、熱々の❹をかけ、九条ねぎ、しょうが、あられをのせる。

※ラップに包んで蒸し終わった状態で、冷凍庫で約2週間保存可能。

ほどよい歯ごたえを残すために、えびの半分はぶつ切りにするといい。

高級料亭などでは、すり身を使った料理はなめらかなペースト状にして繊細な食感に仕上げますが、「青家」では家庭料理がベースのおばんざいらしく、えびはあえて手切りで、ぷりぷりした歯ごたえを残してまんじゅうにしています。母がくり返し作ってくれた、思い出の味でもあります。2人家族なら、2個は冷凍しても。そのときは、あんは分量を半分にして作ってください。

第2章「春」

たけのこに新じゃが、新玉ねぎなど
春は「この時季しか食べられない」食材が豊富。
そのやわらかくて、みずみずしい味わいを
芽吹きの季節の到来とともに、うれしくいただきます。
この季節の素材は、色合いも淡く美しく
食卓も気分も、明るくなるのもうれしい。
春といえば、冬の間ため込んだものを外に出す
「毒出しシーズン」としても知られていますが
春の食材はもともと、デトックス作用のあるものがほとんど。
「しっかり食べて、身体をすっきりさせる」が
薬膳を学んだ私のモットーなので
それらをおいしく、存分に味わってほしいと思っています。

新じゃがと鶏手羽の揚げ煮

塩豚と春野菜のポトフ

新じゃがと鶏手羽の揚げ煮

材料（3～4人分）

新じゃがいも（小粒なもの）… 300g
鶏手羽中 …………………… 200g
塩、白こしょう、片栗粉 …………………… 各適量

A
だし（P19参照）………… 150mℓ
酒 …………………… 大さじ1
薄口しょうゆ……… 大さじ1
きび砂糖 ………… 小さじ2
みりん ……………… 小さじ2
鷹の爪……………………… 1本
にんにく…………………… 1片

揚げ油 …………………… 適量

作り方

① 新じゃがいもは水でよく洗い、少量の水と一緒にふた付きの鍋に入れ、弱～中火にかけて竹串がすっと通るまで蒸す。熱いうちに皮をむき、大きいものは半分に切る。手羽中は塩、こしょう各少々をふり、片栗粉を刷毛で薄くまぶす（a）。鷹の爪は一本のまま（辛いのが好みなら半分に割る）、にんにくは芯を取って包丁で軽くつぶす。

② 揚げ油を中温（170℃）に熱し、じゃがいもと手羽中を香ばしくなるまで揚げる。

③ 鍋にAを入れて中火にかけ、砂糖が溶けたら❷を加える。再び沸騰したら弱～中火にし、ときどき混ぜたり上下を返しながら、汁けがほぼなくなるまで煮詰める。

刷毛を使うと粉を均一にまぶせる。

水分が多くてさわやかな味わいの新じゃがは、蒸して揚げることによって、うま味がぎゅっと閉じ込められます。下準備にひと手間かければ、あとは合わせ調味料で一気に煮るだけ。ごはんがよく進む、失敗知らずのおかずです。

塩豚と春野菜のポトフ

材料（4人分）

豚肩ロースかたまり肉…… 400g
塩 …………………… 大さじ½
春キャベツ ……………… 200g
新玉ねぎ …………………… 1個
新にんじん………………… 1本
セロリ ……………………… 1本
京花菜（または菜の花）……… 4本

A
水（または水とだしを合わせたもの）
…………………… 2.5ℓ
酒（または白ワイン）……… 50mℓ
しょうが（薄切り）………… 2枚
ローリエ ………………… 1枚
にんにく ………………… 1片

京花菜
春の訪れを知らせてくれる京野菜のひとつで、菜の花ならではのほろ苦さとみずみずしい甘さが楽しめます。歯ごたえがやわらかく、香りがしっかりしているのが特徴。

作り方

① 豚肉は塩を全体にすり込み、キッチンペーパーで包んでからラップに包む。冷蔵庫で1日以上置く（最大1週間まで）（a）。
② フッ素樹脂加工のフライパンを中火に熱し、全面に焼き色がつくまで❶を焼く。鍋で熱湯を沸かし、表面が白くなる程度に豚肉をゆでる。
③ セロリは葉の部分は切り落とし、茎の部分を4等分に切る。新玉ねぎと新にんじんは縦4等分に切る。京花菜はさっと塩ゆでし、食べやすい大きさに切る。
④ 鍋にA、❷の豚肉、セロリの葉を入れて中火にかけ、沸騰したら弱火にし、豚肉がやわらかくなるまで1時間ほど煮る。
⑤ 玉ねぎ、にんじん、セロリの茎を加え、豚肉がさらにふわふわになるまで弱〜中火で30分〜1時間煮る（b）。手で大きめにちぎったキャベツを加え、少ししんなりするまで煮て、塩、白こしょう（各分量外）で味を調える。豚肉を食べやすい大きさに切って野菜とともに器に盛り、スープにさっとひたした京花菜をのせてスープもそそぐ。

a
水分が出るので、長く置くなら途中でキッチンペーパーを取り替える。

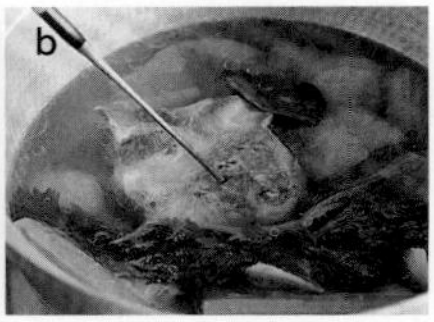

b
煮ている途中で竹串または金串を刺して、肉のかたさを確かめる。

春野菜は味が濃く、甘味もしっかりしているため、スープはその味を邪魔しないよう、できるだけすっきりとした味わいにしたいもの。そこで豚肉は脂分が少ないロース肉を使い、いったん焼き、さっと下ゆですることで、くさみや脂っぽさを取りのぞきます。また、煮る前に塩豚にしておけば、コトコト長時間煮るうちにスープ全体に塩味が広がって、肉のうま味もしっかり残ります。豚肉は長時間煮ると、ある瞬間から明らかにかたまりがほぐれ、ふわっとしてくるので、その様子を竹串で刺しながら確認して。キャベツはあまり煮すぎないほうがおいしいです。

たけのこと春野菜のコチュジャンあえ

たけのこステーキ

たけのこごはん

たけのことふきの炊いたん

たけのこと春野菜のコチュジャンあえ

材料（4人分）

ゆでたけのこ ………………… 50g
京花菜（または菜の花／ P37 参照）
……………………………… 4本
スナップえんどう ………… 4本
生わかめ …………………… 適量

A
千鳥酢 ……………… 大さじ1
コチュジャン……… 小さじ2
白味噌 ……………… 小さじ1
きび砂糖 …………… 小さじ1

作り方

① ゆでたけのこは薄めのいちょう切りにする。京花菜、スナップえんどうは塩ゆでし、京花菜は食べやすい大きさに切る。生わかめも食べやすい大きさに切る。
② 器によく混ぜたAを敷き、❶を盛る。いただくときにあえる。

＜たけのこの煮方＞

生のたけのこは穂先を切り落とし、縦に1本切れ目を入れる。鍋にたけのことしっかりかぶるくらいの水と鷹の爪1本、たけのこ1本につき米ぬかひとつかみを入れて中火にかけ、竹串がすーっと通るまで1時間ほど煮る（a）。途中で水が足りなくなったら、そのつど足す。火を止めたらそのまま鍋の中で冷まし、水で洗って皮をむき、水を張った保存容器に入れて冷蔵庫で保存する。新鮮なうちに食べきる。

煮ている途中で、たけのこの先が水面から出ないように注意する。

たけのこのほろ苦さとコチュジャン入りのピリ辛酢味噌、意外な組み合わせですが、実ははまるのです。3月末から5月初旬にかけては、「青家」でもたけのこづくしの季節。「こんな味わい方が！」と、お客さまにも喜ばれるメニューです。

たけのこステーキ

材料（2人分）

ゆでたけのこ ………………100g
ごま油 ……………………… 小さじ1
濃口しょうゆ ………… 小さじ½
みりん ……………………… 小さじ¼
木の芽 ……………………… 適量

作り方

① ゆでたけのこは食べやすい大きさに切り、根元の部分には包丁で格子状に切れ目を入れる。
② フライパンにごま油を入れて中火に熱し、たけのこを両面焼く。香ばしい焼き色がついたらしょうゆとみりんを合わせたものを刷毛でぬり、火を止める。器に盛り、細かく刻んだ木の芽をちらす。

毎年京都から届くおいしいたけのこを、できるだけシンプルに食べていただきたいとお出ししているメニュー。味つけは、しょうゆだけでも大丈夫です。

たけのこごはん

材料（作りやすい分量）

白米……………………………2合
ゆでたけのこ………………100g
京揚げ（P15参照）……………40g
鶏もも肉………………………30g

A
だし（P19参照）…………350mℓ
薄口しょうゆ……大さじ1½
酒……………………大さじ1
塩…………………ひとつまみ

木の芽…………………………適量

作り方

① ゆでたけのこは小さめのいちょう切りにする。京揚げはざるに入れ、熱湯をさっとかけて油抜きをして、3㎝長さの細切りにする。鶏肉は小さめに切る。米はとぎ、ざるに上げる。
② 炊飯器に米、たけのこ、京揚げ、鶏肉、Aを入れ、混ぜてから普通に炊く。器に盛り、木の芽をのせる。

具材と調味料を入れて、炊飯器で炊くだけの簡単炊き込みごはん。たけのこの繊細な味わいを生かしたいので、調味料はできるだけひかえめに。鶏肉と京揚げを入れるとほどよいコクが出るので、薄味でもおいしく食べすすめられます。

たけのことふきの炊いたん

材料（2〜3人分）

ゆでたけのこ………………100g
ふき……………………………1本
鶏もも肉………………………50g

A
だし（P19参照）…………100mℓ
酒……………………大さじ1
薄口しょうゆ……小さじ1
みりん……………小さじ½

B
だし（P19参照）…………150mℓ
酒……………………大さじ1
薄口しょうゆ……小さじ2
みりん……………小さじ1
きび砂糖…………小さじ½

木の芽…………………………適量

作り方

① ふきは粗塩（分量外）をふり、板ずりして（a）熱湯でゆでる。皮をむいて5㎝長さに切り、水にさらす。ゆでたけのこは食べやすい大きさに切り、鶏肉はひと口大に切る。
② 小鍋にAとざるに上げたふきを入れて中火にかけ、沸騰したら、弱火で5〜10分ほど煮て火を止め、冷ます。
③ 別の鍋にBを入れて中火にかけ、沸騰したら❶のたけのこと鶏肉を加え、アクを取ったら弱火で15〜20分煮て火を止め、冷ます。
④ いただくときに❸の鍋に❷のふき（煮汁は他の煮物に利用してもよい）を加えて一緒に軽く温め、器に盛り、木の芽をのせる。

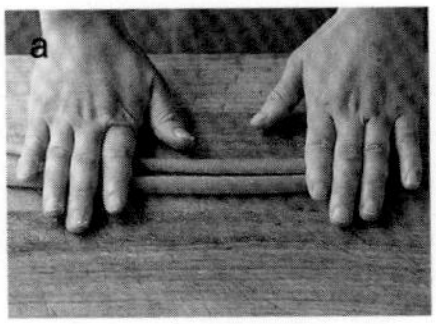

両手のひらで押さえながら転がす。
粗塩はふき1本に小さじ½程度。

たけのことふきは、それぞれの風味を生かすため別に煮て、食べる前に合わせます。ふきは板ずりをすることでアクが取れ、色鮮やかに。

豆コロッケ

ひじき煮

豆コロッケ

材料（2〜3人分）

じゃがいも……………1個（200g）
えんどう豆（正味）…………… 30g
そら豆（さやごと）…………… 5本
新玉ねぎ ………………¼個（50g）
バター………………………… 10g
塩 ……………………………… 適量
薄力粉、溶き卵、パン粉、揚げ油
…………………………… 各適量

作り方

① じゃがいもは水で洗い、芽があれば取り、4等分に切る。少量の水と一緒にふた付きの鍋に入れ、弱火にかけてほくほくになるまで蒸す。豆はそれぞれさやから出し（そら豆は薄皮も）、熱湯でゆで、ざるに上げる。新玉ねぎはみじん切りにする。

② フライパンにバターと玉ねぎ、塩ひとつまみを入れて中火にかけ、バターが溶けて全体になじむまで炒める。

③ じゃがいもは熱いうちに皮をむき、ボウルに入れて、塩ひとつまみをふり、すりこぎまたはマッシャーでつぶす。豆、❷を加えて混ぜ、味見をして好みで塩ひとつまみを足してもよい。6等分にして俵形にまとめる。

④ ❸に薄力粉、溶き卵、パン粉をまぶす。揚げ油を中温（170℃）に熱し、からりとするまで揚げる。

2種類の豆がころんとそのまま入った、見た目も愛らしい春ならではのコロッケ。豆のやさしい風味を生かすため、味つけは薄い塩味だけで。豆は胃にもやさしい食材なので、小さな子どもさんにもおすすめのメニューです。

ひじき煮

材料（4人分）

芽ひじき（乾燥）……………… 30g
スナップえんどう………… 6本
京揚げ（P15参照）…………… 50g
京にんじん（またはにんじん／P132参照）……………………… 50g
赤パプリカ…………………… ¼個

A
だし（P19参照）………… 50mℓ
濃口しょうゆ…… 大さじ1½
きび砂糖………… 大さじ1
酒…………………… 大さじ1
みりん…………… 小さじ1

ごま油…………………… 小さじ2

作り方

① 芽ひじきは水で洗い、水に15～20分ほどひたして戻し、ざるに上げる。スナップえんどうは塩ゆでして豆とさやを分け、さやは斜めせん切りにする。京揚げとにんじんは5㎝長さに、赤パプリカはせん切りにし、さらに半分の長さに切る。

② フライパンにごま油を入れて中火に熱し、ひじきとにんじんを炒める。油がまわったら京揚げとAを入れ、ときどき混ぜながら炒め煮にする。汁けがほぼなくなったら火を止め、パプリカとスナップえんどうを入れ、混ぜる。器に盛り、好みで白ごまをふる。

市販のひじき煮は甘辛く味濃く煮たものが多いようですが、こちらは色鮮やかな野菜を入れ、さっぱりフレッシュな味わいに仕上げています。ひじきをはじめとした海藻類は、血を補ってサラサラにしてくれたり、体内のいらないものを外に出す解毒作用があるので、日常的に取り入れたいもの。常備菜として、ごはんのおともに作っておくと、心強いおかずになります。

ささみチーズカツ

京のお稲荷さん

ささみチーズカツ

材料（2人分）

鶏ささみ……………………… 4枚
スライスチーズ…………… 2枚
大葉………………………… 4枚
塩、こしょう…………… 各適量
酒または白ワイン…… 大さじ1
薄力粉、溶き卵、パン粉、揚げ油
…………………………… 各適量

キャベツ（せん切り）………… 適量

作り方

① 鶏ささみは筋を取り、開いて軽く包丁でたたき、両面に塩、こしょうをふり、酒または白ワインをからませる。

② 小さな鍋に水50mℓと❶を広げて入れ、ふたをして5分火にかけたあと火を止め、5分蒸らす。ふたを開け、そのままの状態で粗熱をとる。

③ キッチンペーパーで水けを拭いたささみ、大葉（半分に切る）、チーズ（手で半分に切り、ずらしてのせる）、大葉、ささみの順に重ね（a）、薄力粉、溶き卵、パン粉をまぶす。揚げ油を中温（170℃）に熱し、かりっとするまで揚げ、キャベツを添えて器に盛りつける。

ささみ全体にバランスよくのせる。

ささみは酒をふってから蒸すことで、くさみがとれ、しっとりした食感に。肉のやわらかさとパン粉のからりとした食感のバランスが、おいしさを引き立てます。春は毒出しシーズンでもあるので、お肉も軽くてさっぱりしたささみが、身体にもやさしい。「青家」ではオリジナルソースを添えますが、ウスターソース、とんかつソースなど、お好みのソースでどうぞ。

京のお稲荷さん

材料（12個分）

白米（または玄米）……………… 1合

<ひじき煮>

芽ひじき（乾燥）……………… 10g

京にんじん（または新にんじん／P132参照）………………………… 50g

A
- だし（P19参照）…… 大さじ2
- きび砂糖 ……………… 小さじ2
- 濃口しょうゆ …… 小さじ1½
- 酒 …………………… 小さじ1

千鳥酢 …………………… 大さじ2

新しょうがの甘酢漬け（P83参照）…………………………………… 30g

黒ごま…………………… 大さじ1

錦糸卵 …………………… 卵⅓個分

スナップえんどう………… 4本

京揚げ（稲荷寿司用）………… 6枚

B
- だし（P19参照）………… 200mℓ
- 酒 ………………………… 大さじ2
- きび砂糖 ………… 大さじ1⅓
- 濃口しょうゆ …… 大さじ1⅓

作り方

① 米をとぎ、水を少し少なめにして炊く。

② 芽ひじきは水で洗い、水に10～15分ほどひたしてやわらかくなるまで戻し、ざるに上げて水けをしぼる。京にんじんは1㎝長さの細切りにする。

③ 小鍋に❷とAを入れて中火にかけ、汁けがなくなるまで煮る。火から下ろし、千鳥酢を混ぜる。

④ 京揚げは熱湯にくぐらせ油抜きをしてざるに上げ、粗熱がとれたら手で絞る。鍋にBとともに入れて中火にかけ、汁けがなくなるまで煮て、冷ます。

⑤ スナップえんどうは塩ゆでし、豆とさやを分け、さやは斜めせん切りにする。新しょうがの甘酢漬けは粗みじんに切る。

⑥ 水でぬらしておいた寿司桶（少量なのでボウルでも）に炊き上がったごはんを入れ、❸と黒ごま、❺の新しょうがの甘酢漬けを入れ、手早く混ぜ、冷ます。冷めたらスナップえんどう（飾り用に少し残す）を混ぜる。

⑦ ❹のお揚げを半分に切り、❻を詰め（a）、錦糸卵とスナップえんどうをのせる。

稲荷寿司用は正方形に近い形。

a

指先で広げて、袋状にして詰める。

ごはんを酢飯にせず、具に酢の風味をつけてさっぱりと食べやすい味わいにしたお稲荷さん。子どもの頃から何度となく母が作ってくれた、思い出の味です。稲荷寿司用の京揚げは、斜め半分に切って三角形にしても、見た目に変化がついて楽しい。ここでは白米を使いましたが、玄米にしてもおいしいです。

春雨のホットサラダ

京花菜のからしごまあえ

京花菜のからしごまあえ

材料（2～3人分）

京花菜（または菜の花／ P37 参照）
　……¼パック（菜の花なら1束）
白ごま……………………大さじ2

A
薄口しょうゆ……大さじ1½
練りがらし……小さじ1～2
きび砂糖…………小さじ1

作り方

① 京花菜は塩ゆでし、冷水にとって手早く冷やしたらやさしく（ぎゅっとしぼりすぎないで）水けをきり、食べやすい大きさに切る。
② 白ごまをから煎りし、香ばしい香りがたったらすり鉢に入れて、する。Aを入れてゴムベラなどでよく混ぜてたれを作り、❶を加えてあえる。

たれの量は作りやすい分量にしているので、京花菜の量によって調節してあえます。練りがらしの量も、味見をしながらお好みで。ごまは煎りたて、すりたてを使うと、味わいがまったく変わるので、ぜひ試してみてください。このたれは、ゆでたさやいんげん、スナップえんどうなどにもよく合います。

春雨のホットサラダ

材料（2人分）

鶏ももひき肉………………50g
しょうが……………………½片
長ねぎ（白い部分）…………5㎝
セロリ………………50g（½本）
赤パプリカ…………………⅙個
春雨（長ければハサミで切る）
　……………………………40g
干しえび……………………10g
湯…………………………100㎖
太白ごま油…………小さじ1
塩…………………………適量

A
ニョクマム………小さじ½
きび砂糖…………小さじ½
白こしょう…………適量

ナッツ（アーモンド、ピーナッツなど／粗く砕く）…………大さじ1
香菜（パクチー）……………適量
すだち………………………½個

作り方

① 干しえびは湯にひたし、やわらかくなるまで戻す。
② しょうが、長ねぎはみじん切りにする。セロリは筋を取り、斜め薄切りにする。赤パプリカはせん切りにして半分の長さに切る。
③ フライパンに太白ごま油、しょうが、長ねぎを入れて中火にかけ、香りがたったら鶏ひき肉と塩ひとつまみを入れ、炒める。鶏肉の色が変わったら、セロリを加えて軽く炒め、干しえび、干しえびの戻し汁、春雨を入れて弱火にし、ふたをして春雨がやわらかくなるまで1～2分煮る（途中ふたを開け、一度混ぜる）。ふたをしたまま火を止め1分ほど蒸らし、再度火をつけてAを加える。味見をして、塩で味を調え、最後にパプリカを入れ、軽く炒める。
④ 器に盛って、ナッツをふり、香菜をのせ、すだちを絞る。

「青家」スタッフの故郷である徳島から、おいしいすだちと干しえびが届くと作るメニュー。香ばしいナッツやさわやかなすだち、干しえびのうま味をたっぷり吸ったつるんとした春雨など、さまざまな香りや食感が楽しい味わい深い一品です。ニョクマムなど魚醤はメーカーによって塩分濃度が違うので、味見をしながら少しずつ加えること。「青家」では塩けがおだやかなベトナム製の魚醤（「共同食品」の「フンタンニョクマム」）を使っています。

姉の想いを継いで今がある「青家」のごはん

ひと口食べるだけで、身体の細胞が喜ぶようなもの。人の想いが入ったパワーのある料理。心から「おいしい！」と、食べるうれしさを感じられるような料理を作りたい。毎日「青家」の厨房に立ちながら、常に大切にしている思いです。

今は仕事のおかげで日々さまざまな喜びを感じている私ですが、自分が料理の仕事につくとは、夢にも思っていませんでした。20代前半は美容やアパレル関係の職につきつつ、人生の目標など何も持たず、ただ何となくその日を生きていただけ。そんな私をこの仕事に導いてくれたのは、今は亡き姉の存在でした。

ふたつ年下の私から見て、姉は子どもの頃からずっと、何でもできる人。スチュワーデスの仕事をしながらMBA取得のためにアメリカに留学、大学を3つも行って、世界中をまわっていました。ただ優秀なだけでなく、人一倍、家族を想う気持ちが強かった。家族はもちろん、親戚一同を支えるような人間になりたい、そのためには、最終的に上場する会社を興したいと、ビジネスの勉強をひたすら続けていたのです。

自分で目標を設定して、それに向かってまっしぐらに進む人でしたから、ふらふらする妹のことも心配していたのでしょう。「夢を持ちなさい」と言われ続け、1年後、5年後、10年後、どんな自分になっていたいか、目標を記した「夢日記」をつけるようにとも言われていました。そんな姉からある日「お店をやりたいので、手伝ってほしい」と言われ、料理についてまったく素人だった私が、この道に入ることになったのです。今から10年以上前、「青家」の前身となったお店のことです。

姉はいつも、これからは「食の大切さ」がもっともっと重要視される時代が来ると話していました。「食べ物が人間に命を与え、生かしてくれる」「当たり前だけど忘れがちなこの真実に、もう一度立ち返るときが来る」。そして「女性がさらに忙しく活躍する時代が来るのに、疲れた身体と心を癒し、健康にも美容にもいい料理を食べられる場所が今はとても少ない」と。そういう料理は何だろう、どこにあるんだろうと世界中を食べ歩いた姉とさんざん話し合い、行きついた結論は「やっぱりママの料理がいちばん」ということ。私たちが子どもの頃から食べ続けてきた、京のおばんざいと韓国家庭料理の融合です。

家庭料理とは、「これを食べて、家族が元気でいられますように」と願いながら作るもの。テクニックよりも、「想い」のほうが大切な料理だと思います。母もお店を営んでいて、私たちが子どもの頃から忙しい日々を送っており、直接料理を教わったことはありませんでしたが、食べ続けてきた味をひと皿ひと皿思い出すだけで、どんなに自分が大切にされてきたかを実感しました。その味を思い起こしながら、私も料理を作り続けたのです。

誰かのことを想いながら作る「青家」の料理

前のお店を始めてしばらくして、姉は病を患い、療養生活に入りました。でも「姉の夢であるお店を絶対につぶしてはいけない」とがんばる私を精神面で常に支えてくれました。

仕事で壁にぶつかると、当時の私は「これがうまくいかない」「もっとこんなふうにしたいのにできない」と、足りないことばかりを数えて苦しんでいました。そんな私に姉は、いつもやさしく語りかけてくれました。「それより今できていることを数えてみない？『これしかできない』ではなく、『こんなにもできることがある』と考えれば、自分の心と身体が喜んで、できることがひとつずつ増えていくと思うよ」

物事は陰と陽が必ずセットになっていて、どちらに心を寄せるかで、結果も変わってくる。まわりにはたくさんの大事な人がいて、「ありがとう」と言えることが数限りなくある。今自分が、どれだけありがたい状況にいるかを忘れずに。そして常に心をよごさず、整えることが、料理をする上でとても大切だということを何度となく話してくれました。

お料理は、不特定多数の「誰か」のために作るよりも、「この人のために」という想いで作ったもののほうが、メニューとして特徴も出るし、気持ちも入ります。そういう意味で初期の「青家」のメニュー、いえ、今現在お出ししているメニューすら実は、「お姉ちゃんにも、食べてもらえるようなもの」を基準に考えてきました。病気の人でも、健康な人と一緒に食べられて、作る人の想いが身体の中に入ることで、生きていく力が生まれるもの。「青家」のごはんの理念、「食べてくれる人を想いながら作る料理」は、こうしてかたちとなって育ってきたように思います。だから、今このレシピで作ろうとしてくださっている方にも、ご家族など食べる人のことを考えて、たとえば塩加減を調えるといったように、想いを伝える味つけをしてもらえたらうれしいです。

姉がこの仕事に導いてくれたおかげで、「青家をつくること」をはじめ、私はいろいろな夢を持てるようになりました。食べ物を通じて、人と喜びを分かち合うことや、大家族みたいなスタッフと一緒に、精一杯働くことのうれしさ。「青家」を守らなきゃと思ってきましたが、逆に私自身が「青家」に守られ続けてきたのだと、今は思います。そんな「青家」のごはんで、食べる楽しさ、食べて元気になれる幸せを少しでもお届けできたらと願っています。

第3章「初夏」

湿気が多い梅雨どきは、身体の中に
余分な水分がたまり、何だかすっきりしないことが多いもの。
滞った水毒は、胃を痛めてしまうから
食欲不振に悩む人も多くなってくるようです。
だからこの時季は、水分を無理なく排出してくれるような
さっぱりして解毒作用のある食材や
香りがよくて「気」を巡らせてくれる野菜を
「青家」でも積極的に取り入れています。
豆類やキャベツ、あさりやはまぐりなどはその代表選手。
真夏には塩や酢を利かせて、少しメリハリのある味つけをしますが、
この時季は、素材そのものの味を生かした薄味を心がけ、
あっさりした味わいに仕上げています。

えびしんじょとかぶの炊いたん

えびと枝豆と山いものいそべ揚げ

えびしんじょとかぶの炊いたん

材料（2人分）

えび（殻付き）…………………100g
小かぶ…………………2個（160g）
卵白…………………………½個分

A
- 片栗粉………………大さじ1
- 酒……………………小さじ1
- 塩………………ひとつまみ

大和いも………………………20g

B
- だし（P19参照）………200mℓ
- 酒……………………大さじ1
- 薄口しょうゆ……大さじ1
- みりん………………小さじ1

青柚子皮（すりおろし）……… 適量

作り方

① えびは殻をむき、あれば背わたを取って、ぬめりとくさみをとるために片栗粉（分量外）でもみ、水洗いする。キッチンペーパーで水けを拭き、包丁でしっかりたたいてすり鉢に入れる。小かぶは水で洗い（皮がきれいならむかずに）、4等分に切る。卵白は泡立て器で軽く泡立てておく（a）。

② ❶のすり鉢にAを加えてすりこぎでよく混ぜ、大和いもをすりおろして入れ、よく混ぜてから（b）卵白を加えてゴムベラに持ち替え、ふわりとなるように混ぜる。

③ 鍋にBを入れて中火にかけ、❷を4等分にして丸めて加え、表面に火が通ったらアクを取り、少し弱火にしてかぶを入れる。かぶがやわらかくなりすぎないうちに火を止める。器に盛り、青柚子皮をふる。

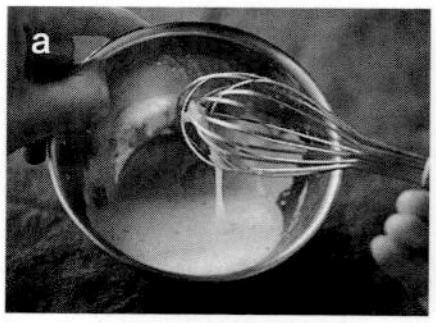

五分立てくらいに泡立てておく。

全体がなじむまで、しっかり混ぜる。

えび風味のだしを含んだ、かぶのおいしさを味わう料理。生でも食べられる野菜なので、火を入れすぎないように注意して。かぶは胃を温め、消化を促進してくれる効果もある食材なので、食欲が落ちがちなときにもおすすめの料理です。

えびと枝豆と山いものいそべ揚げ

材料（3～4人分）

えび（殻付き）	100g
枝豆（さやごと）	80g
焼きのり	全形1枚
大和いも	120g
片栗粉	小さじ2
塩	小さじ⅛
揚げ油	適量

作り方

① えびは殻をむき、あれば背わたを取って、ぬめりとくさみをとるために片栗粉（分量外）でもみ、水洗いする。キッチンペーパーで水けを拭き、半量はぶつ切り、半量は包丁で細かくたたく。枝豆は熱湯でさっとゆで、さやから出し、水けを拭く。焼きのりは16等分に切る。

② ボウルに枝豆を入れて片栗粉と塩をからめ、❶のえび、すりおろした大和いもを入れてよく混ぜる。

③ 水でぬらしたスプーンで❷のたねを16等分にして、焼きのりにのせる。揚げ油を低温（160℃）に熱し、うっすらきつね色になるまで揚げる。熱いうちに塩（分量外）をふっていただく。

えびのピンクと枝豆のグリーン、ぷりぷりした食感も小気味よく、色合いもさわやかな、ビールにぴったりのおつまみです。大和いもは、長いもよりさらにねばりとコクがあり、火を通すと、よりむっちりした食感に変化します。

キャベツ納豆

あさりと豚肉とキャベツの蒸し煮

生のりのだし巻き

キャベツ納豆

材料（1～2人分）

キャベツ……………………… 50g
大葉 ……………………………… 2枚
納豆 ……………………… 1パック
めんつゆ …………………… 適量
白ごま ……………………… 適量

作り方

① キャベツはさっとゆで、1cm角に切り、水けを絞る。大葉はせん切りにし、さらに1cm長さくらいにざくざく切る。

② ボウルにキャベツ、大葉（飾り用に少し残す）、納豆、めんつゆを入れて混ぜる。器に盛り、白ごまをふり、大葉をのせる。

家庭料理っぽい一品ですが、お店でも人気。ごはんにかけてもいいし、お酒のおつまみにも。「青家」では自家製のめんつゆを使いますが、しょうゆでも。キャベツは胃にやさしく、消化を助けてくれる役割があるので、余計な水分がたまって身体が重たくなりがちなこの時季におすすめの食材です。

あさりと豚肉とキャベツの蒸し煮

材料（4人分）

あさり ……………………… 200g
豚バラ薄切り肉 …………… 40g
キャベツ …………………… 300g
セロリ ……………… 50g（½本）
にんにく …………………… 1片
しょうが …………………… 5g
酒 ……………………… 大さじ2
塩、白こしょう ………… 各適量
ニョクマム …………… 小さじ1
太白ごま油 …………… 大さじ½

あさりが全部かぶらない程度の水を張り、暗い場所に1～3時間置く。

作り方

① あさりは塩分3％の水(分量外)にひたし、砂抜きする（a）。殻をこすり合わせるようにしてよごれを取り、水で洗う。

② 豚肉は2cm幅に切る。にんにくは芯を取って薄切り、しょうがはせん切りにする。キャベツは食べやすい大きさに手でちぎる。セロリは筋を取り、斜め1cm幅に切る。

③ フライパンに太白ごま油とにんにくを入れて弱火にかける。香りがたってきたら中火にし、豚肉としょうがを入れ、塩をひとつまみふり、炒める。豚肉の色が変わったらセロリを加えて軽く炒め、キャベツ、あさりをのせ、酒を加えてふたをする。あさりの口が開くまで、炒め蒸しにする（たまにふたを開け、ざっと混ぜる）。

④ ニョクマムを加え、こしょうをふり混ぜ、手早く味見をし（あさりがかたくならないように）、塩で味を調える。

お肉と魚介、ふたつの違ったうま味を合わせると、おいしさも増し、調味料が少なくても満足な味わいに。豚肉は、この料理では調味料的な使い方をしています。キャベツとあさりは火を入れすぎず、さっと蒸すようなイメージで仕上げましょう。

生のりのだし巻き

材料（3～4人分）

卵（Lサイズ）……………………3個

A
- 生青のり…………大さじ1½
- だし（P19参照）…………80mℓ
- 薄口しょうゆ……小さじ1

太白ごま油……………………適量

作り方

① ボウルに卵を割りほぐし、Aを入れてよく混ぜる。

② 玉子焼き器にキッチンペーパーなどを使って太白ごま油をまんべんなく薄くぬり、弱火～中火にかけ、❶の4分の1ほどの量を入れる。ふくれてきた部分を菜箸でつぶしながら玉子焼き器を動かして全体に火を通し、まわりが固まってきたら（a）フライ返しで手前に折り返して巻く（b）。

③ 空いた部分に油をぬり、❷の卵を奥に寄せ（c）、手前部分にも油をぬる。卵液をまた4分の1ほど加えて焼き（d）、巻くのをくり返す。

④ 焼き終わったら巻きすに取り、形を整えてから包丁で切る。

菜箸で軽く混ぜながら卵液を広げ、まわりが乾いた感じになってきたら

フライ返しを使い、手前に向かって数回折りたたみ、巻き込んでいく。

空いた部分に油をぬり、巻いた卵を玉子焼き器の奥に移動させ、

次の卵液を加える。菜箸で持ち上げ、焼いた卵の下にも卵液を広げる。

生青のり

乾燥させていない、海で採れた生のままの青のり。春先から初夏にかけてが旬で、とろっとした食感と、さわやかな磯の香りが楽しめます。鮮度が大事なので早めに食べきること。

誰もが好きなふわふわのだし巻きに、生青のりをたっぷり加えました。青のりの風味があるので、味つけはだしと薄口しょうゆのみでシンプルに。だしの量が少なめのレシピなので、家庭でも作りやすいと思います。

新れんこんとたこのサラダ

野菜の揚げびたし
クレソンとじゃがいものアンチョビソテー

新れんこんとたこのサラダ

材料（3～4人分）

新れんこん …………………… 120g
ゆでたこ ……………………… 60g
アボカド ……………………… 1個

A	レモン汁	小さじ2
	オリーブオイル	小さじ1
	薄口しょうゆ	小さじ½
	生わさび（すりおろし）	小さじ½

作り方

① 新れんこんは皮をむいて1.5㎝角に切り、さっとゆでて冷水にとる。ゆでたこは、れんこんより少し大きめに切る。

② アボカドは半割りにして種を取りのぞいて皮をむき、1㎝角に切り、ボウルに入れてAを加える。水けを拭いたれんこんとたこも入れ、しっかり混ぜる。味見をして、好みで塩を足してもよい。

れんこんのシャキシャキ感とたこのさわやかさ、アボカドのコクが合わさった初夏らしいサラダです。この時季のれんこんは色が透き通るように白く、繊維もやわらかいのでサラダにぴったり。生わさびがなかったら、チューブのものでもかまいません。れんこんには胃腸のはたらきを整えてくれる効果があります。また、たこには補気・補血作用があり、美肌にも効果的と言われています。

野菜の揚げびたし

材料（3～4人分）

なす……………… 2～3本（250g）
ズッキーニ…………………… 1本
赤パプリカ…………………… 1個

A
- だし（P19参照）………… 100mℓ
- みりん …………… 大さじ1½
- 薄口しょうゆ ….. 大さじ1½
- 濃口しょうゆ ……… 大さじ1
- 鷹の爪…………………… 1本

揚げ油 ………………………… 適量

作り方

① なすはへたを取り、横に半分～3等分、縦に4等分に切り、水にさらす。ズッキーニは横に3～4等分、縦に4等分に切る（なすと大きさをそろえる）。パプリカは種を取り、なすと同じ大きさに切る。

② ボウルにAを入れておく。なすをざるに上げ、キッチンペーパーで水けをふく。揚げ油を低温（160℃）に熱し、❶の野菜すべてをさっと素揚げする。バットに上げ、油がきれたらボウルに加える。粗熱がとれたら冷蔵庫で冷やす。いただくとき、好みでおろししょうがをのせてもよい。

素揚げすることで、夏野菜の水分が閉じ込められ、よりみずみずしい食感が際立ちます。薄口しょうゆだけだと塩分が強すぎ、逆に濃口だけだと野菜の色が黒くなってしまうので、ふたつ合わせることでちょうどいいバランスに。

クレソンとじゃがいものアンチョビソテー

材料（2人分）

じゃがいも …………………… 1個
クレソン ……………………… 1束
アンチョビフィレ ……… 大2枚
にんにく …………………… 小1片
オリーブオイル ……… 大さじ1
黒こしょう ………………… 適量

作り方

① じゃがいもは皮をむき、2～3㎜厚さ、3㎝×1㎝ほどの短冊切りにし、水にさらす。クレソンは、茎は5㎜長さに切り、葉はざく切りにする。にんにくは芯を取り、みじん切りにする。

② フライパンに刻んだアンチョビフィレ、にんにく、オリーブオイルを入れて弱火にかけ、にんにくが香ばしくなったら中火にして水けをきったじゃがいもを入れ、焼きつけるように炒める。火が通ったらクレソン（葉の一部は飾り用に残す）を入れてさっと炒め、火を止める。味見をして、好みで塩を足してもよい。器に盛り、クレソンの葉をのせ、こしょうをふる。

アンチョビとにんにくのうま味と香りが、食欲をそそるメニュー。お酒にもごはんにもよく合います。この時季、特においしいクレソンをたっぷりと。じゃがいもは、男爵やメークインなど、お好きなものを使ってください。

うすい豆ごはん
はまぐり汁

土鍋しらすごはん

うすい豆ごはん

材料（作りやすい分量）

白米 ………………………… 1⅔合
もち米 ………………………… ⅓合
（白米と合わせて2合にする）
うすい豆（またはえんどう豆／正味）
……………………………… 80g
昆布 ………………………… 7㎝角
酒 ………………………… 大さじ1
塩 ………………………… 小さじ¼

うすい豆

「うすいえんどう」とも呼ばれるえんどう豆の一種で、関西では春から初夏にかけての旬の味わいとして親しまれています。実が大きくて香りが高く、甘いのが特徴。

作り方

① 白米ともち米は合わせてとぎ、ざるに上げる。うすい豆はさやから出す。

② 湯を沸かし、うすい豆をゆで、ざるに上げる。このゆで汁は取っておく。

③ ゆでた豆をボウルに入れ、豆がかぶるくらいのゆで汁と塩ふたつまみ（分量外）を加え、ごはんが炊き上がるまでひたしておく。

④ 炊飯器にといだ米、酒、塩、2合の目盛りまでのゆで汁（足りなければ水を足す）を入れて混ぜ、昆布をのせて普通に炊く。炊き上がったらざるに上げた❸をのせ、ふたをして、5分ほど蒸らす。

ごはんと豆を一緒に炊くと、豆のきれいなグリーンやフレッシュな香りが失われるので、炊き上がってから混ぜる方式にしています。でも、ごはんはゆで汁を使って炊くので、豆の風味はしっかり残っておいしい。もち米を加えると豆との相性もよく、もっちりした食感が楽しめます。

はまぐり汁

材料（2人分）

はまぐり …………………… 200g
（あさり同様、砂抜きする／P62参照）
昆布だし …………………… 300㎖
長ねぎ（白い部分）……………… 5㎝
酒 ………………………… 大さじ1
薄口しょうゆ ………… 小さじ½
みつ葉 ……………………… 少々

作り方

① 長ねぎは、斜め薄切りにする。

② 鍋に昆布だし、酒、長ねぎ、はまぐりを入れ、中火にかける。はまぐりの口が開いたら火を止め、薄口しょうゆを加える。味見をして、足りないようだったら好みで塩で味を調える。器に盛り、みつ葉をのせる。

＜昆布だしの取り方＞

水300㎖に対し5㎝角の昆布を入れ、ゆっくりと弱火にかける。昆布がふくらんでやわらかくなったら火を止め、昆布を取り出す。

初夏においしいはまぐりが手に入ったら、作るメニューです。貝からもしっかりだしが出るので、ベースは昆布だしのみですっきりと。はまぐりはこの時季にたまりやすい水分を排出し、むくみを解消してくれる効果があります。

土鍋しらすごはん

材料（作りやすい分量）

土鍋ごはん …………………… 2合分
しらす干し …… 1パック（約100g）

作り方

① 蒸らし終わった土鍋ごはんにしらす干しをのせ、しゃもじで鍋の底から大きく混ぜる。

土鍋で炊いたごはんにしらす干しをのせただけの簡単混ぜごはんですが、飽きのこない味わいで、いいしらす干しが手に入ったときに作ります。しらす干しはとにかく、新鮮なものを！　大葉のせん切りをのせてもおいしいです。こちらのレシピは土鍋ですが、「青家」では石釜を使って炊いています。

土鍋ごはんの炊き方

材料（作りやすい分量）

白米 ………………………… 2合
水 ………………………… 450mℓ

作り方

① ボウルにたっぷりのきれいな水を入れ、白米を入れる。やさしくさっとかき混ぜ、すぐに水を捨てる。再度水を入れて軽くといで水を捨て、というのをあと1～2回くり返す。

② 米をたっぷりの水にひたし、夏は15～30分、冬は1時間置いて浸水させる（a）。ざるに上げ、水けをしっかりきる（b）。

③ 土鍋に❶の米と分量の水を入れ、ふたをして強火にかける。6～8分して湯気が噴き出してきたら（c）ごく弱火にし、15分ほど炊いて火を止める。ふたをしたまま10分ほど蒸らす。

a

b

c

こちらでも使えます →

新しょうがごはん（P90）、みょうがごはん（P90）に。その他、秋はぎんなん、冬はむかごなどを入れて炊いても。土鍋でていねいに炊いたごはんは、それだけでちょっとしたご馳走なので、おいしいお米が手に入ったときは、ぜひ土鍋を使ってみてください。

小あじの唐揚げ 野菜あんかけ

小あじの唐揚げ 野菜あんかけ

材料（3～4人分）

小あじ……200g（10～12尾）
（時季によって大きさが変わる）
玉ねぎ……100g（½個）
パプリカ……50g
セロリ……50g（½本）
しょうが……10g
太白ごま油……小さじ1

A
- だし（P19参照）……80mℓ
- 千鳥酢……大さじ2
- みりん……大さじ1
- 薄口しょうゆ……大さじ1
- 濃口しょうゆ……小さじ2
- きび砂糖……小さじ2
- 鷹の爪……1本

- 片栗粉……小さじ1½
- 水……小さじ2

揚げ油……適量

作り方

① 小あじは内臓とぜいごを取り、水で洗う。キッチンペーパーで腹の中まで水けを拭き、刷毛で片栗粉（分量外）を全体にまぶす（a）。
② 玉ねぎとパプリカは5㎜幅の細切りに、セロリは1㎝角×6㎝長さの拍子木切りに、しょうがはせん切りにする。
③ 鍋に太白ごま油を入れて中火に熱し、玉ねぎを炒める。油がなじんだらパプリカ、セロリを加え、歯ごたえが残る程度に軽く炒める。Aとしょうがを入れ、温まったら水で溶いた片栗粉を少しずつまわし入れて混ぜ、あんを作る。
④ 揚げ油を低温（160℃）に熱し、❶をじっくり揚げていったん取り出す。高温（180℃）にして再び戻し入れ、かりかりになるまで二度揚げする。熱々の❸をかけていただく。

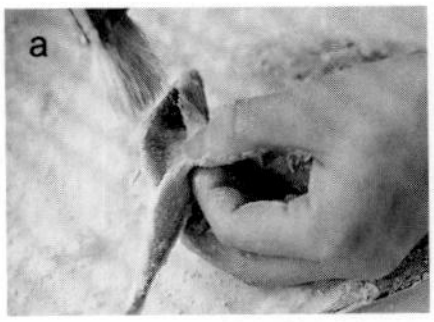

刷毛を縦にして差し入れ、腹の中までしっかり片栗粉をまぶす。

片栗粉をまぶすときは、刷毛を使うと余計な粉がつかず、均一にまぶせます。二度揚げすることで、骨まで食べられるようにしっかり火が通り、外はかりっと仕上がります。小あじの唐揚げといえば南蛮漬けが有名ですが、野菜たっぷりのあんかけにすることでかりかりの香ばしさと甘酢の両方が味わえます。あじは身体を温め、美容にもいいので、女性にはおすすめの食材です。

第4章「夏」

梅雨が明け、暑さ本番を迎えたこの季節、
毎日たくさん汗をかき、体力を消耗して食欲も落ちがち。
そんな中でも食が進むようにと
「夏の料理は味つけをしっかり」と言われますが、
調味料の力のみで食べさせるような味つけは
塩味も甘味も強すぎて、身体に負担になります。
「青家」では、野菜を素揚げしてボリュームを出したり
ピーマンや薬味野菜を効果的に使ったりといった工夫をして
「素材のうま味を生かした、味の濃さ」を
心がけて料理をしています。
太陽の光をたっぷり浴びた夏野菜を
たくさん食べて、暑さを元気に乗りきりましょう。

うざく

きゅうりとささみの梅あえ

うざく

材料（3～4人分）

きゅうり……………………大1本
塩…………………………小さじ½
うなぎ蒲焼き…………………1串
しょうが（すりおろし）…大さじ1

A
- だし（P19参照）……大さじ2
- 千鳥酢……………大さじ2
- 薄口しょうゆ……小さじ1½
- みりん………………小さじ½
- かつおぶし…………………3g
- きび砂糖…………ふたつまみ

作り方

① Aを混ぜ、15分以上おく。

② きゅうりは縦半分に切り、小さなスプーンで種を取りのぞき、5㎜厚さの斜め薄切りにする。塩をふり、しんなりしたら水でさっと洗い、水けをよく絞る。

③ うなぎは縦半分に切り、さらに1㎝幅に切る（冷たければ、軽く温めておく）。

④ ❶を漉してボウルに入れ、❷、❸としょうがを加えてあえる。味見をして好みで酢を足してもよい。

食欲が落ちがちな暑い夏でも食べやすい、うなぎときゅうりの酢の物。かつおのうま味を加えた合わせ酢＝土佐酢を使っています。「きゅうりは身体を冷やす」と、食べるのを躊躇する人がいますが、利尿作用でいらない水分を身体から出し、必要な水分を補ってくれる、夏には本当にありがたい野菜です。

きゅうりとささみの梅あえ

材料（2〜3人分）

きゅうり……………………… 1本
鶏ささみ……………………… 1本
みょうが……………………… ½本
塩……………………………… 適量
梅干し（塩分10%以下のもの）
………………………………… 2個
太白ごま油…………… 小さじ½
きび砂糖…………… ひとつまみ

作り方

① 鶏ささみは筋を取る。鍋に酒をほんの少し（分量外）加えた水200mℓを入れて沸騰させ、火を止める。ささみを入れ、ふたをして10分ほど蒸らす（a）。中まで火が通ったら手でさいて、塩ひとつまみをふってからめる。

② きゅうりは縦に4〜6等分に切り、種を取りのぞき、4cm長さに切る。軽く塩をふり、しんなりしたら水で軽く洗って、水けをきる。みょうがはせん切りにする。

③ 梅干しは種を取りのぞき、包丁でたたいてボウルに入れ、太白ごま油と砂糖を加え混ぜる。❶、❷を加え、あえる。味見して好みできび砂糖を足してもよい。

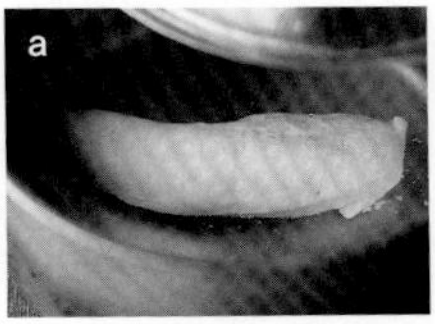

ゆでるのではなく、蒸らすように火を入れるので、パサパサにならない。

梅ときゅうりの組み合わせは定番ですが、少し油を加えるとなじみやすく、ほんのちょっとの砂糖で梅干しのツンとした酸味の角が取れ、味もまろやかに。ささみを加えると、しっとり感が増し、立派なおかずの一品にもなります。

和牛となすのしょうが煮

なすとピーマンと豚肉のなべしぎ

新しょうがとみょうがとセロリの甘酢漬け

和牛となすのしょうが煮

材料（2〜3人分）

和牛薄切り肉 …………………… 100g
なす ……………… 2本（小なら3本）
しょうが ………………………… 20g
鷹の爪 …………………………… 1本
ごま油 …………………… 大さじ1
にんにく（すりおろし）… 小さじ¼

A
- 水 ……………………………… 50mℓ
- 酒 ……………………… 大さじ2
- 濃口しょうゆ …… 大さじ1½
- きび砂糖 …………… 小さじ2

みりん …………………… 小さじ1

作り方

① なすはヘタを取り縦半分に切り、皮に斜めに切れ目を入れ、3分の1の長さに切る。塩水（分量外）に10分ほどさらし、水で軽く洗い、キッチンペーパーで水けを拭く。しょうがはせん切りに、牛肉は食べやすい大きさに切る。

② 鍋にごま油とにんにくを入れて弱〜中火にかけ、❶のなすを入れて油がまわるまで軽く炒める。A、しょうがの半量、鷹の爪を加えふたをして、なすがやわらかくなるまで煮る。なすをいったん端に寄せ、牛肉と残りのしょうが（飾り用に少し残す）を加えて煮る。肉の色が変わったらみりんを加え、ひと煮立ちしたら火を止める。いったん冷ましたほうがおいしい。器に盛り、しょうがのせん切りをのせる。

肉のうま味を吸ったみずみずしいなすがおいしい、ごはんやお酒におすすめのおかず。夏のランチでお出ししても、とても人気のあるメニューです。夏野菜の代表選手、なすは胃にやさしく、余分な水分を出してむくみを解消してくれます。

なすとピーマンと豚肉のなべしぎ

材料（2〜3人分）

豚バラ薄切り肉 ……………… 50g
なす ………………………… 小2本
ピーマン ……………………… 3個
塩 ………………………………… 少々
太白ごま油 …………… 小さじ½

A
- 麦味噌 …………… 大さじ1
- 酒 ………………… 大さじ1
- きび砂糖 ………… 小さじ1

作り方

① 豚肉は5cm幅に、ピーマンは縦半分に切って種を取り、縦1cm幅に切る。なすはヘタを取り縦半分に切り、1cm幅の斜め切りにして塩をふる。なすから水分が出たら、水で軽く洗い、水けを絞る。

② フライパンに太白ごま油を入れて中火にかけ、豚肉となすをあまり動かさず、焼くように炒める。なすに焼き色がついたらキッチンペーパーでフライパンの脂を少し拭き取り、ピーマンを加えて軽く炒める。よく混ぜたAを加え、からめるように炒める。

母が昔からよく作ってくれた味噌炒め。塩けと甘味のバランスがよい麦味噌を使います。無添加、本醸造のものがおすすめ。なすは切り口を多めにして、塩をふってしっかり水分を出してから焼き色をつけるように焼くと、甘くてとろっとした食感に仕上がります。ピーマンは食感を残して炒めます。

新しょうがとみょうがとセロリの甘酢漬け

材料（作りやすい分量）

新しょうが …………………… 300g
みょうが ………………………… 6個
セロリ ………………… 100g（1本）
湯 …………………………… 100㎖
塩 ………………………… 小さじ1
純粋はちみつ ………………… 70g
千鳥酢 ……………………… 150㎖

作り方

① 新しょうがは皮をむき（きれいならそのまま）1～1.5㎝大の乱切りに、みょうがは縦4等分に、セロリは筋を取って1㎝角×3㎝長さに切る。

② ボウルに湯と塩を入れて溶かし、はちみつを加えてしっかり溶けたら酢を加え、混ぜる。

③ 鍋に湯（分量外）を沸かし、沸騰したらしょうがを入れ、再度沸騰したらみょうがとセロリを入れて10秒ほどゆでてざるに上げる。しっかり水けをきり、熱いうちに❷に漬け込む。ときどき底から混ぜ、粗熱がとれたら冷蔵庫で保管する。翌日から食べられる。

※冷蔵庫で約1～2か月保存可能。

夏の香味野菜で作った、さっぱりピクルス。砂糖ではなくはちみつを使っているので、おだやかな味わいです。多めに作っておけば、細かく刻んでサラダに入れたり、ちらし寿司やお稲荷さん（P49参照）、魚や肉料理のつけ合わせ、お弁当のいろどりなどに幅広く活用できます。酢には解毒作用があり、むくみを解消したり、血の巡りをよくしたりと、体内をきれいに整えてくれるので、日常的に取り入れたいものです。

するめいかのわた炒め

ささみとセロリとわかめのサラダ

伏見とうがらしとじゃこの山椒煮

するめいかのわた炒め

材料（2人分）

するめいか（刺身用）…1杯（220g）
ピーマン …………………… 2個
長ねぎ …………………… ½本

A
- 酒 …………………… 大さじ1
- しょうが（すりおろし） …………………… 小さじ2
- 濃口しょうゆ …… 小さじ1
- 麦味噌 …………… 小さじ1
- きび砂糖 ………… 小さじ¼

太白ごま油 …………… 小さじ1

作り方

① するめいかはさばいて（**a**～**g**）、胴の部分に斜めの切れ目を入れ、食べやすい大きさにそぎ切りにする（火を通すと縮むので大きめでよい）。げそは先端を切り落とし、包丁で吸盤をこそげ取り、食べやすい大きさに切る。えんぺらは1.5㎝幅に切る。わたは薄皮からこそげ取り（**h**）、包丁でたたいてボウルに入れ、Aと混ぜておく。

② ピーマンは縦半分に切って種を取り、縦7㎜幅に切る。長ねぎは斜め切りにする。

③ フライパンに太白ごま油を入れて中火にかけ、❷といかのげそとえんぺらを炒める。ピーマンの食感が残る程度に火が通ったら、❶のわたソースを加えて軽く炒め、いかの胴を入れる。表面がさっと白くなる程度に炒め、火を通しすぎず、中はレアでよい。味見をして好みでしょうゆを足す。

＜いかのさばき方＞

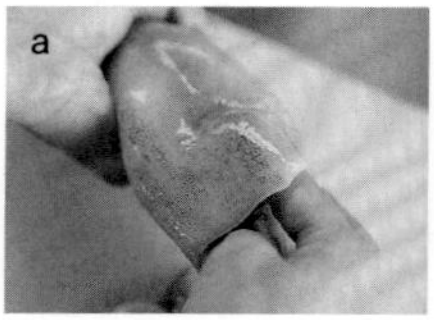

胴と足の間に指を入れ、内臓（わた）と身のつなぎ目をていねいに外す。

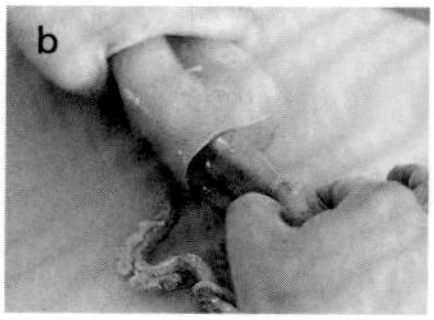

えんぺらと足（げそ）を持ち、足を内臓と一緒にゆっくり引き抜く。

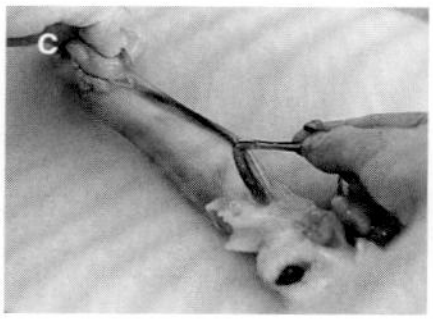

墨袋をつまんで、ひっぱりながら取る。破らないように注意する。

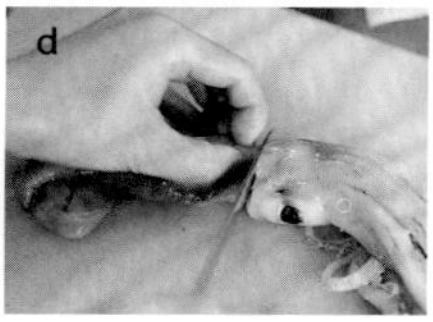

足は目の上あたりに包丁を入れて内臓を切る（わたは別にしておく）。

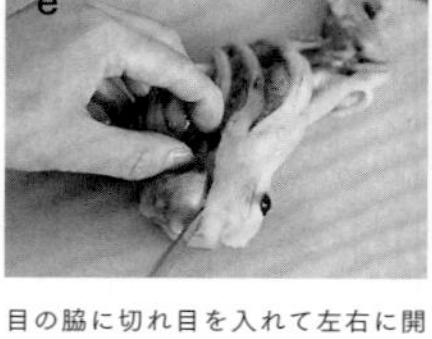

目の脇に切れ目を入れて左右に開き、目を裏側から押し出して取る。

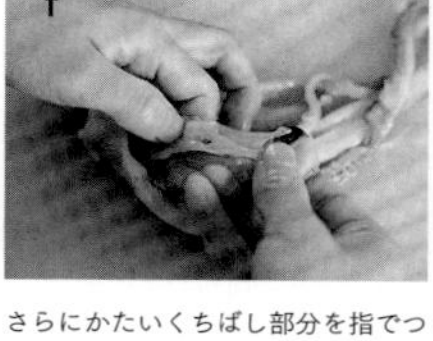

さらにかたいくちばし部分を指でつまんで、取りのぞく。

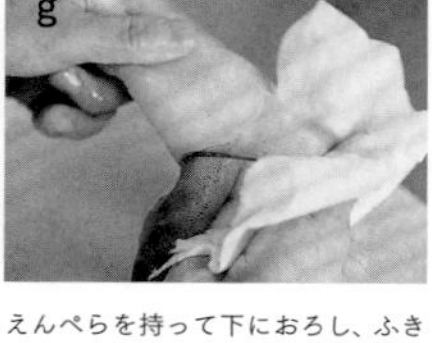

えんぺらを持って下におろし、ふきんでつまみながら胴の皮をむく。

わたは端を指で押さえ、包丁でしごくようにして薄皮からこそげ取る。

塩辛などにも使われるいかわたを、炒め物の調味料として使います。麦味噌を加えていますが、赤味噌やコチュジャンなどを使ってもおいしい。いかは女性に不足しがちな血を補い、身体を潤し、疲労回復にも役立つおすすめの食材です。さわやかなピーマンは、ハーブ的な役割。盛りつけたら好みで山椒をふっても。

ささみとセロリとわかめのサラダ

材料（2～3人分）

鶏ささみ ……………………… 1本
セロリ ……………… 100g（1本）
生わかめ ……………………… 30g
大葉 ………………………… 2枚
みょうが ……………………… 1個
新しょうが ………………… ½片
塩 …………………………… 適量

A
すりごま ………… 大さじ1
薄口しょうゆ …… 大さじ1
千鳥酢 …………… 大さじ1
きび砂糖 ………… 小さじ1
ごま油 …………… 小さじ1

作り方

① 鶏ささみは筋を取る。鍋に酒をほんの少し（分量外）加えた水200mℓを入れて沸騰させ、火を止める。ささみを入れ、ふたをして10分ほど蒸らす。中まで火が通ったら手でさいて、塩ひとつまみをふってからめる。
② 生わかめは食べやすい大きさに切り、大葉、みょうが、しょうがはせん切りにする。セロリは3cm長さの薄切りにして塩少々をふり、しばらく置いて水けが出たら水で軽く洗い、絞る。
③ ボウルにAを入れてよく混ぜ、❶、❷を加えてあえる。

ささみはゆでるのではなく、さっと蒸らすことで、パサつかず、ふわっとやわらかな食感に。酒を入れることでくさみが取れ、風味がよくなります。セロリは塩をすることで、時間を置いてもシャキシャキ感が残ります。塩で余分な水分を出しておくことが、あえ物のおいしさを長続きさせる秘訣。

伏見とうがらしとじゃこの山椒煮

材料（作りやすい分量）

伏見とうがらし ………… 100g
ちりめんじゃこ ………… 100g
山椒の実 ……………… 大さじ1
太白ごま油 …………… 小さじ1

A
だし（P19参照） ………… 50mℓ
酒 ……………………… 50mℓ
みりん ……………… 大さじ1
薄口しょうゆ ……… 大さじ1
濃口しょうゆ ……… 小さじ1

作り方

① 伏見とうがらしはへたを取り、縦半分に切って種を取り、長いものは斜め半分に切る。
② フライパンに太白ごま油を入れて中火にかけ、❶を入れて軽く炒め、つやが出てきたらちりめんじゃこと山椒の実、混ぜたAを加える。ときどき混ぜながら、汁けがほぼなくなるまで煮詰める。

伏見とうがらし
江戸時代から京都の伏見で栽培されてきたという、辛味がないとうがらしで、京の伝統野菜のひとつ。万願寺とうがらしと比べて細長く、小気味いい食感が特徴です。

伏見とうがらしをちりめんじゃこと一緒に炒めたおばんざいは、京都人にはなじみのある家庭料理。白いごはんにとてもよく合うので、少し多めに作って、夏の常備菜にしておきます。 風味づけに加えた山椒の実は、身体を温め、邪気を飛ばす効果も。生の山椒の実が出まわる時季に、ぜひ作ってほしい一品です。

みょうがごはん

新しょうがごはん

和牛と新ごぼうの炒め煮

枝豆と新ごぼうのひろうす

新しょうがごはん

材料（作りやすい分量）

土鍋ごはん（P71参照）…… 2合分
新しょうが ………………… 大1片

作り方

① 蒸らし終わった土鍋ごはんにせん切りにした新しょうがをのせ、さらに5分ほど蒸らす。しゃもじで鍋の底から大きく混ぜる。好みで白すりごまをふってもよい。

みょうがごはん

材料（作りやすい分量）

土鍋ごはん（P71参照）…… 2合分
みょうが ……………………… 3個

作り方

① 蒸らし終わった土鍋ごはんにせん切りにしたみょうがをのせ、さらに5分ほど蒸らす。しゃもじで鍋の底から大きく混ぜる。好みでしらす干しとかつおぶしをのせてもよい。

夏の薬味を加えた混ぜごはん。どちらもさわやかな風味が食をそそるけれど、おかずの邪魔をしません。みょうがはむくみを取り、食欲を増進させる効果が。香りのよい新しょうがは解毒作用があり、疲労回復や消化力を高めるのに役立ちます。

和牛と新ごぼうの炒め煮

材料（2人分）

和牛薄切り肉 ……………… 100g
新ごぼう …… 100g（細いもの1本）
太白ごま油 …………… 小さじ1

A
水 ………………… 大さじ2
きび砂糖 ………… 大さじ1
酒 ………………… 大さじ1

濃口しょうゆ ………… 大さじ1

作り方

① 新ごぼうは水で洗ってささがきに、牛肉は食べやすい大きさに切る。

② フライパンに太白ごま油を入れて中火にかけ、ごぼうを炒める。透き通ってきたらAを加え、火が通るまで炒める。牛肉、しょうゆを加え、強火にして汁けがほぼなくなるまで炒める。好みで山椒か白ごまをふってもよい。

初夏から夏にかけて出まわる新ごぼうは、香りが高く、やわらかいので調理しやすいのが特徴。解毒作用があり、身体の熱を冷ましてくれるごぼうを、相性のいい牛肉と炒め合わせました。ただ炒めるだけでなく、牛肉から出たうま味をしっかりごぼうに吸わせるために、少し水分を加えて加熱します。

枝豆と新ごぼうのひろうす

材料（3～4人分）

枝豆（さやごと）…………… 100g
新ごぼう ……………………… 50g
にんじん ……………………… 30g
木綿豆腐 ……………1丁（300g）
大和いも ……………………… 50g
きび砂糖 ……………… 小さじ½
塩 …………………………… 小さじ¼
揚げ油 ………………………… 適量
しょうがじょうゆ ………… 適量

手に油をつけると、丸めやすい。

作り方

① 豆腐はキッチンペーパーに包み、まな板などの上にのせて水きりする。

② 新ごぼうはささがきにして、さらに粗く切る（揚げるときにくずれにくくするため）。にんじんは5㎜角に切り、枝豆は熱湯でゆでて、さやから出しておく。

③ 水けをしっかり拭いた豆腐をすり鉢に入れてすりこぎでつぶし、大和いもをすりおろして入れ、砂糖、塩、❷を入れる。ゴムべらに持ち替え、空気を入れるように混ぜる。

④ ❸を1個30g、直径5㎝くらいの平べったい円形にする（a）。揚げ油を低温（160℃）に熱し、からりと揚げる。しょうがじょうゆを添えていただく。

関東では「がんもどき」ですが、京都では「ひろうす」と呼ばれる豆腐料理。市販されているものをよく見かけますが、もちろん家庭でも気軽に作れます。このレシピにはすりおろした大和いもが入っているので、ふわふわの食感。枝豆のさわやかな味わいとグリーンの色が夏らしいアクセントになっています。

「青家」のおはなし②

お店のスタッフに伝えていること 伝えたいこと

ランチが始まる前の午前11時過ぎ、時間にすると15分から20分ほど。数年前から、お店では欠かさず朝礼を行っています。私がスタジオで本や雑誌の撮影など、お店以外の仕事をしているときも、その時間は「少しすみません」と中断して、必ずお店に足を運びます。

　私がお店について考えていることを話したあと、スタッフ全員に、自分の言葉で、「お店に立っていて、こういうことに気づいた」「お客さまからこんなことを言われた」「自分はこういうことをがんばりたい」といったことを、順番に話してもらいます。スタッフには「誰かに働かされている」と思ってほしくないし、自らの意思でここにいることを決めて、何を行動するかを決めているという感覚を、思い出してもらいたいと思っているのです。私自身も「やらされている」というのはいちばんしんどいことだとわかっているし、そう思い始めたら、飲食業は苦しくて続けられません。

　かつての自分がそうだったからわかるのですが、毎日毎日店にいると感覚が麻痺してきて、今日という日が昨日と同じ日に見えてきてしまいます。すると料理が楽しく作れなくなっていく。でもそれは大きな勘違い。今日はやはり新しい日で、届く素材も違うし、その日のシフトのスタッフそれぞれの「気」の組み合わせのようなものがあるから、お店の空気も全然違う。「今この時は、二度とない瞬間だ」と気づくと、一瞬一瞬が貴重で、逆にお店ほど楽しい職場はないと思うのです。

　たとえばランチなら、多いときは１００食以上出ることもあるのですが、「『１００食のうちの１食』と、絶対に思わないで」と何度も言っています。日本にはこれだけ飲食店があって、中目黒の駅から離れたこんな小さなお店に足を運んでくださるのは、もしかして一生に一度、その人の人生にとってはたった一回の「青家」かもしれない。「そういう心を常に忘れないでほしい、忘れるようなときはもう、キッチンに立たないで」と言っています。

お客さまに対しては家族に接する気持ちで

たとえば「カフェの料理」と「レストランの料理」を比べて、どちらに価値があるとか、そういう観点で料理を見たことはないのですが、やはりお金をいただいて料理を作る以上、ただお腹がいっぱいになるだけではダメだと思うのです。「この場所に来てよかった」と思える空気感だったり、次の日なぜか身体が楽だったり、疲れていても「もうちょっとがんばろう」と思えたり。そういう「プラスα」がお届けできないといけない。

　そういう意味で「青家」の料理は、

有名なシェフの作品とは違うのだから、気持ちが入っていなければ意味をなさない。「流れで適当にやる」ということは絶対にしてはいけない。こんなふうに言いながら、完璧にできているかというと、人間なのでなかなか理想通りにはいかず、お客さまにも注意を受けながらの日々ですが、それでも気持ち的には、毎日毎日同じことを言い続けています。

そういえば、「青家」には接客のマニュアルはありません。スタッフそれぞれ、その人なりのやり方があると思うし、それを尊重したいと思っています。ただ、「お客さまには、自分の家族のような気持ちで接してください」ということは伝えています。ありがたいことに、赤ちゃんからご年配の方々まで、幅広い年齢層のお客さまがいらしてくださるのですが、小さなお子さんが来たら、甥っ子か姪っ子が来たように思えばすごくかわいいし、おじいちゃんおばあちゃんが、ガタガタの10メートルの路地を歩いてこの店に来てくれたと思ったら、自然に荷物を持ち、椅子を引けるはず。閉店したあと、今日来てくださったお客さまの顔すら覚えていないような、そんなお店にはしたくないのです。

うちのスタッフは、不思議と、飲食店で長く働いたことのある経験者よりも、「何もできないけれど、一から一生懸命やります」という人が集まってきます。料理や接客を一から教えるのはもちろん大変ですが、逆に「自分は完璧にはできない」という感覚をずっと持ち続けられることの素晴らしさを実感します。それがあるからこそ、「次はもっとがんばろう」「きちんとやろう」と思い続けられる。私自身が常に、そういう感覚を持っているので、よくわかるのです。

同じように見える一日でも、人の気持ちも、言葉もちょっとずつ変わっていく。人の成長は常にドラマティックです。今までまったく声が出ていなかった子が、ある日しっかりした響きで「いらっしゃいませ」と言えるようになったりする。心の中で積み重ねてきたことで、やっと自分を認められるようになり、勇気と自信が持てたとき。それは、すごく感動的な瞬間です。

「青家」というお店は本当に不思議な空間で、オーナーの私自身も「立ち止まったら、ここにいられないな」と常に感じます。「自分と向き合わないと立っていられない、厳しい場所」。長年お店を手伝ってくれたスタッフもあるとき、そんな言葉をもらしていました。けれど同時に、外の仕事で身体がくたくたに疲れ果て、「今日はもう、無理!」と思うようなときでも、お店に立てば知らない間にむちゃくちゃ元気になっていたり、たくさんのエネルギーを与えてくれる場所でもあるのです。

第5章「秋」

待ちに待った実りのシーズンの到来。
海から畑から、豊かな食材が厨房にたくさん届く時季です。
薬膳的には、秋は空気が乾燥しているので
表面の皮膚だけでなく、体内の乾きに注意します。
肺が乾燥すると、呼吸器系のトラブルが起こり
腸が乾燥すると、便秘になり、身体の巡りが悪くなる。
つまり秋は、身体を潤す食材が必要なのです。
水分をたっぷり含んだつややかな豆腐や
適度な油分を含むふっくら煮詰めた豚肉などは、
この時季おすすめの食材で、メニューによく取り入れます。
旬の食材を元気よく、楽しく食べて
これから迎える冬を、すこやかに乗りきる準備をしましょう。

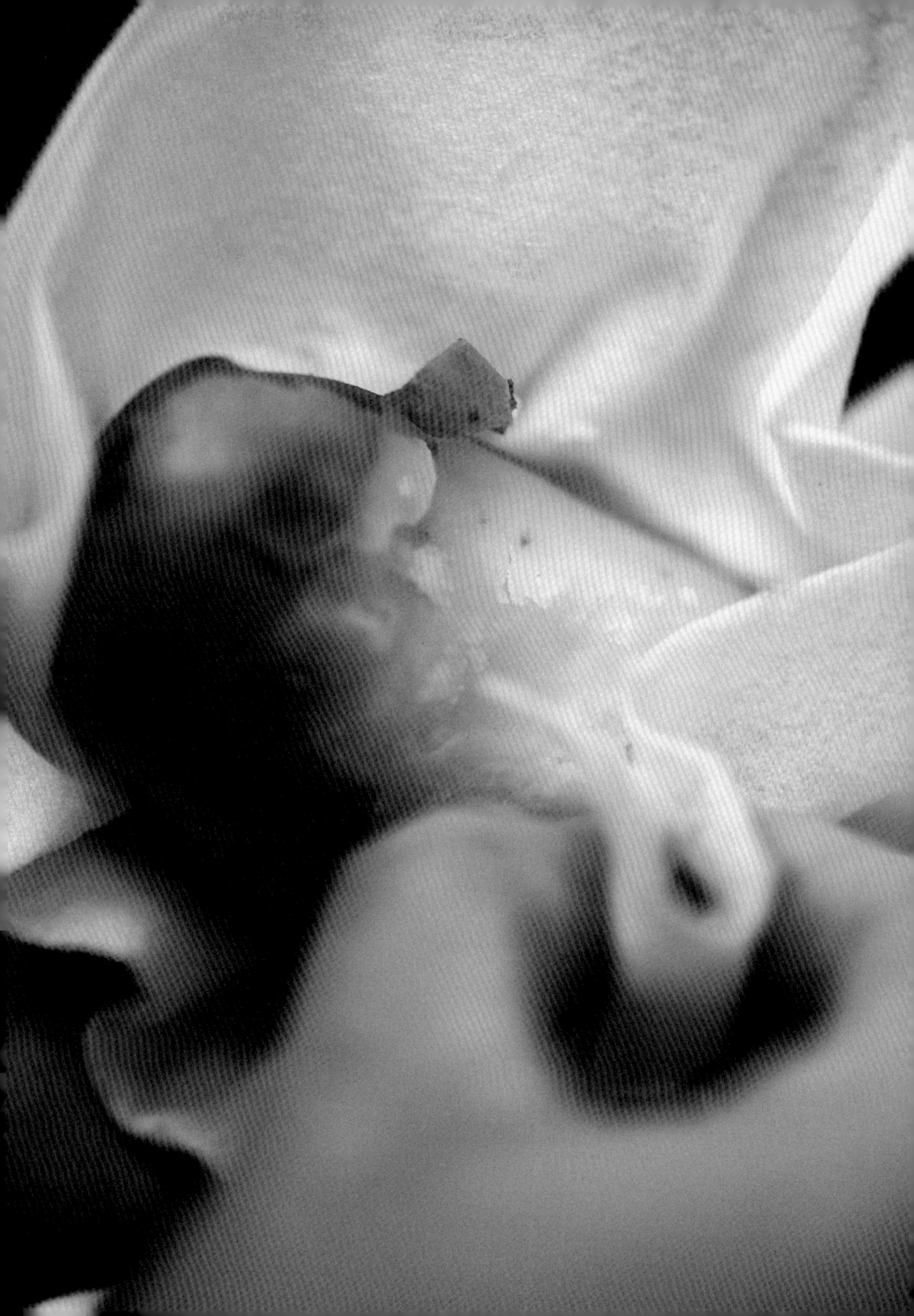

きのこと鯛の土鍋蒸し

金目鯛の煮付け

きのこと鯛の土鍋蒸し

材料（2〜3人分）

鯛 ……………… 1切れ（80〜100g）
きのこ（えのき、しめじ、まいたけなど合わせて）……………… 150g
長ねぎ（白い部分）…………… 5cm
しょうが ……………………… ½片
酒 ……………………………… 50mℓ
昆布 ………………… 10cm×5cm
塩 ……………………………… 適量
白こしょう ………………… 少々
オリーブオイル ……… 大さじ1
すだち ……………………… 1個

作り方

① 鯛は塩小さじ¼をふり15分ほど置いて、キッチンペーパーで水けをやさしく拭く。きのこは石づきを取り、食べやすい大きさにほぐす。長ねぎは白髪ねぎに、しょうがは針しょうがにする。

② 土鍋に昆布、鯛（皮目を上に）、酒少々（分量内から）、きのこの順に入れ、上から残りの酒、塩ひとつまみ、こしょうをふり、オリーブオイルをかけてふたをし、弱〜中火にかける。湯気が上がったらごく弱火にして5分ほど蒸す。火を止め、白髪ねぎと針しょうがをのせ、さらにふたをして3分ほど蒸らす。すだちをしぼっていただく。

ほとんどきのこの水分だけで、鯛をやさしくやわらかく蒸す料理。きのこは何でもいいですが、えのきを入れたほうが、水分とうま味がしっかり出ると思います。油が全体をしっとりまとめる役割を果たしてくれて、太白ごま油や普通のごま油を使っても美味。最後に鍋に残ったスープもおいしいですよ！

金目鯛の煮付け

材料（2人分）

金目鯛 ……… 2切れ（150～200g）
塩 ……………………………… 少々

A
- 酒 ………………………… 50mℓ
- 水 ………………………… 50mℓ
- 濃口しょうゆ……大さじ1⅓
- きび砂糖……………小さじ2
- みりん ……………… 小さじ½
- しょうが（薄切り）……… 1枚

作り方

① 金目鯛に塩をふり、20分ほど置いたら湯通しして水にとり、うろこやよごれがあれば落とし（a）、キッチンペーパーで水けをていねいに拭く。

② 鍋に混ぜたAと❶を入れて弱～中火にかけ、沸騰したら落としぶたをして、5～7分ほど煮る。

水を入れたボウルの中で、指先でふれながらやさしく落とす。

煮魚はハードルが高いと思い込んでいる人が多いようですが、下処理をしっかりしておけば、誰でも失敗なく短時間ででき上がります。魚本来の風味を楽しむには、火を入れすぎないことが大切。②の工程で、豆腐¼丁、しいたけ2枚を入れ、一緒に煮て味を煮含めてもおいしいです。

鰆の幽庵焼き

さんまの梅しょうが煮

豚の角煮

鰆《さわら》の幽庵焼き

材料（2人分）

鰆 ……………………………… 2切れ

A
- 濃口しょうゆ …… 大さじ1½
- 酒 …………………… 大さじ1½
- みりん …………… 大さじ1½
- 柚子（輪切り）…………… 3枚

作り方

① Aを小さなバットなどに入れ、鰆をひたして30分以上置く（途中一度は上下を返す）。

② 焼き網に油（分量外）をぬり、❶を強火で焼く。途中たれを刷毛でぬりながら（a）、焦がさないようにふっくら焼く。

焼き加減を見ながら、2～3回ぬる。

しょうゆ、酒、みりんを1：1：1の割合で混ぜたこのたれは、魚料理などの基本的な配合で、ここに柚子などかんきつ類の輪切りを加えたものをぬって焼く料理を「幽庵焼き」と呼びます。鰆以外にも、鮭やかます、たらなどいろいろな魚に使えます。焼きすぎず、魚のふっくら感を残すように火を入れるのがコツ。

さんまの梅しょうが煮

材料（2～3人分）

さんま ………………… 2尾（320g）

A
- 酒 ………………………… 100mℓ
- 水 ………………………… 50mℓ
- 濃口しょうゆ ……… 大さじ1
- きび砂糖 ………… 小さじ1½
- 酢 …………………… 小さじ1
- みりん ……………… 小さじ1
- 梅干し（塩分10％）……… 2個
- しょうが（薄切り）……… 1枚

作り方

① さんまは頭と尾を切り落とし 4等分に切る。内臓を抜き（a）、水の中でやさしく洗い、キッチンペーパーで水けを拭く。

② 鍋に混ぜたA（梅干しは軽くつぶす）を入れて中火にかけ、沸騰したら❶を加えて煮汁をかけながら5分ほど煮る。最後に火を強め、煮汁をからめる。いただくときに、梅干しの種は取りのぞく。

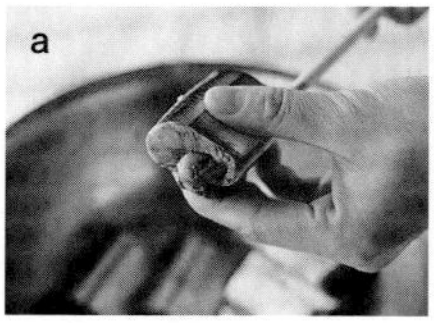

菜箸などで刺すと取りやすい。

秋の代表的な魚、さんまを梅しょうがで煮た定番料理。もともと火が通りやすい魚ですが、筒切りにすることでさらに短時間で調理できるようになっています。こちらも火を入れすぎないのがポイント。脂がのって、たくさん出まわる旬の時季に、ぜひ作ってみてください。

豚の角煮

材料（作りやすい分量／約４人分）

豚バラかたまり肉 ………… 800g
おから ………………………… 100g

A	水 …………………………	400mℓ
	酒 …………………………	100mℓ
	きび砂糖 ……………	大さじ３
	濃口しょうゆ ………	大さじ２
	たまりじょうゆ ……	大さじ１
	しょうが（薄切り）………	２枚
	鷹の爪 ……………………	１本

作り方

① 豚肉は８等分に切り、フライパンで全面焼き色がつくまで焼いて取り出し、水で洗う。

② 鍋に❶とおから、かぶるくらいの水（分量外）を入れて火にかけ、沸騰したら豚肉がふわっとやわらかくなるまで弱～中火で１時間半～２時間煮る。

③ 豚肉を取り出して水で洗い、おからは捨てる。鍋をきれいに洗い、再びかぶるくらいの水（分量外）を入れて豚肉を戻し、火にかけて５分ほど煮る（おからのにおいをとる）。再び取り出し、水で洗う。

④ 鍋にAと❸を入れて火にかけ、煮立ったら落としぶたをして弱～中火で30～40分ほど煮る。いったん火を止め粗熱をとり、いただくときに再度火にかけて温め、好みの味まで煮詰める。

たまりじょうゆ

一般的な濃口しょうゆの原料は、大豆と小麦が半々程度ですが、たまりじょうゆは大豆のみか、小麦を使っても少々。とろりとした濃度があり、うま味が強く、まろやかな味わいです。

６面きっちり焼くことで煮くずれしにくく、肉のおいしさを中に閉じ込めます。また、一緒に下ゆですることで、おからが肉のくさみとアクを吸い取ってくれます。煮詰めるときは「お肉に気持ちよく、ゆらゆらしてもらう」ような火加減を意識して。たまりじょうゆを入れることで、色はしっかりつくけれど、しょっぱくなることはありません。秋は薬膳的には身体が乾燥する季節で、中から潤してくれる食べ物が必要ですが、豚肉にはその効果があり、この時季には特におすすめの食材です。

おから煮

韓国風冷や奴

菊菜の白あえ

おから煮

材料（作りやすい分量）

おから……150g
鶏もも肉……50g
ごぼう……50g
京にんじん（P132参照）……50g
しいたけ……2枚
京揚げ（P15参照）……30g
九条ねぎ（P30参照）……½本
太白ごま油……小さじ1

A
だし（P19参照）……300mℓ
薄口しょうゆ……大さじ1⅔
酒……大さじ1
きび砂糖……小さじ2
みりん……小さじ1

作り方

① 鶏肉は細かく切り、ごぼうと京にんじんはささがきに、しいたけは薄切りにする。京揚げはざるに入れ、熱湯をさっとかけ、油抜きをして、細切りにする。九条ねぎは小口切りにする。

② フライパンを中火にかけ、おからをから煎りする。ふわふわになったら、いったんバットなどに取り出す。

③ 同じフライパンに太白ごま油を入れて中火にかけ、鶏肉を炒める。火が通ったらごぼうを入れて炒める。

④ ごぼうに火が通ったら、にんじん、しいたけ、混ぜたAと京揚げを入れて混ぜ、❷を加える。中火のまま、味がしっかりなじむようにていねいに混ぜて炒め、汁けがなくなったら九条ねぎを加えて軽く混ぜ、火を止める。味見をして、好みで薄口しょうゆを加えてもよい。

おから煮というと「パサパサしたもの」という印象を持つ方もいるかもしれませんが、こちらは多めのだしでしっとり仕上げて、子どもや男性でも食べやすい味わいにしました。一度冷ましたほうが味がなじむので、お弁当のおかずにもいいし、多めに作ってコロッケにアレンジしてもおいしいです。

韓国風冷や奴

材料（3〜4人分）

豆腐（絹ごし、木綿どちらでも）……1丁（300g）
和牛薄切り肉……50g

A
- 濃口しょうゆ……大さじ½
- きび砂糖……大さじ½
- 酒……小さじ1
- ごま油……小さじ1
- にんにく（すりおろし）……小さじ¼

錦糸卵……卵½個分
白すりごま……大さじ1
刻みのり……適量
九条ねぎ（P30参照）……適量
濃口しょうゆ……適量

作り方

① 牛肉は細かく切り、混ぜたAをもみ込み、5分ほど置く。小さめのフライパンを強火にかけ、牛肉を入れ、汁けがなくなるまで炒める。

② 食べやすい大きさに切った豆腐を器にのせ、錦糸卵、❶、すりごま、のり、小口切りにした九条ねぎをのせ、しょうゆを添える。

豆腐も身体に必要な水分を補う効果があり、この時季におすすめの食材です。日本では冷や奴といえば夏の食べ物というイメージが強いですが、韓国風にたくさんの具をのせ、ご馳走っぽい一品にしました。牛肉が苦手な人でも、食べやすい味わい。おいしい豆腐が手に入ったら、ぜひ作ってほしいメニューです。

菊菜の白あえ

材料（2〜3人分）

春菊……½束
こんにゃく……30g
京にんじん（P132参照）……30g
木綿豆腐……½丁（150g）

A
- だし（P19参照）……大さじ2
- 薄口しょうゆ……小さじ½
- みりん……小さじ½

B
- 白練りごま……小さじ1
- きび砂糖……小さじ½
- 薄口しょうゆ……小さじ½
- 塩……ひとつまみ

作り方

① 豆腐はキッチンペーパーに包み、重しをして15分ほど置き、水きりをする。

② こんにゃくは下ゆでして（水と一緒に鍋に入れて中火にかけ、沸騰したらざるに上げる）、3㎜厚さの短冊切りにする。にんじんは皮をむき、3㎜厚さの短冊切りにする。鍋にAとこんにゃく、にんじんを入れて弱〜中火にかけ、汁けがなくなるまで煮て、冷ます。春菊は熱湯でさっとゆでてしっかり絞り、3㎝長さに切る。

③ すり鉢に豆腐とBの材料すべてを入れてすりこぎでよく混ぜ、❷を加えてあえる。味見をして足りなかったら塩（分量外）を加える。

京都にはおいしい豆腐屋さんが多いので、おばんざいにも豆腐料理はたくさん登場します。この時季やわらかく、香りも高い春菊（京都では菊菜と呼ぶ）の白あえは、毎年作る一品。あえ衣は豆腐の味わいを生かすために、味つけはおだやかに。口当たりをさらによくしたい場合は、豆腐を裏ごしするといいですよ。

牡蠣の炊き込みごはん

れんこんえびのせ天ぷら

牡蠣《かき》の炊き込みごはん

材料（作りやすい分量）

白米 ……………………………… 2合
牡蠣 ………………… 150 ～ 180g
京にんじん（P132参照）……… 30g
百合根 ………………………… 30g
だし（P19参照）…………… 350mℓ

A
- 酒 …………………… 大さじ1
- 薄口しょうゆ ……… 大さじ1
- 濃口しょうゆ ……… 大さじ1
- みりん ……………… 大さじ½

せりまたはみつ葉 ………… 適量

作り方

① 白米はといで1時間ほど浸水させ、ざるに上げる。牡蠣はぬめりとくさみを取るために片栗粉（分量外）をまぶしてやさしくもみ、水できれいに洗って、キッチンペーパーで水けを拭く。京にんじんは1.5cm長さの細切り、百合根は茶色い部分をこそげて水で洗う。

② 鍋にだしを入れて火にかけ、Aを入れて味を調え、牡蠣をくぐらせ、ぷっくりとしたら取り出し、アクを取る。

③ 土鍋に白米、にんじん、百合根、粗熱をとった❷のだしを入れて混ぜ、❷で取り出した牡蠣から出た水分も加えて混ぜる。ふたをして中～強火で8分ほど、湯気が上がったらごく弱火で10～15分炊く（おこげが好きなら15分）。炊き上がったら10分蒸らし、牡蠣をのせて5分蒸す。いただくときにせりまたはみつ葉をのせる。

締めはお茶漬けで→

この炊き込みごはんは、最後にお茶漬けにしてもおいしい。すりおろしたわさびと刻みのり各適量をのせ、だしと番茶を同量で混ぜ、塩少々を足したものを注ぐ。食事の締めにぴったりの、贅沢な味わい。

牡蠣はだしにくぐらせたあと、最後に炊き上がったごはんの上で蒸すだけなので、ふっくらした食感が残せます。その上、牡蠣から出たうま味はしっかりごはんに炊き込んでいるので、風味を逃がすこともありません。牡蠣には補血作用があり、美容効果や心をおだやかにさせる効果もあるので、女性におすすめの食材です。

れんこんえびのせ天ぷら

材料（2～3人分）

えび（殻付き）……………… 100g
れんこん ………………… 150g
大葉 ……………………… 3～4枚

A
長ねぎ（みじん切り）…… 10cm
しょうが汁 ………… 小さじ2
片栗粉 ……………… 小さじ1
塩 ………………… ふたつまみ

薄力粉 …………………… 適量

＜天ぷら衣＞ 作りやすい分量
薄力粉 ………… ½カップ（50g）
冷水 …………………… 100mℓ
太白ごま油 …………… 小さじ1
塩 ………………… ひとつまみ

揚げ油 …………………… 適量

作り方

① えびは殻をむき、あれば背わたを取って、ぬめりとくさみを取るために片栗粉（分量外）でもみ、水洗いする。キッチンペーパーで水けを拭いて包丁でたたき、ボウルに入れる。Aを加えてよく混ぜる。

② れんこんは皮をむき（きれいならそのまま）、5～7㎜厚さの輪切りにし、水に5分ほどさらし、水けを拭く。片面に薄力粉を刷毛でまぶし、❶をれんこんの枚数に合わせて等分してのせ、半分に切った大葉をのせる（a）。

③ 全体に薄力粉をまぶし、材料すべてを混ぜた天ぷら衣にくぐらせる。揚げ油を低温（160℃）に熱し、れんこんに竹串がすっと通るくらいまで、ゆっくり揚げる。好みで塩をふる（山椒塩や天つゆでもよい）。

れんこんは厚めに切り、食感を生かす。

とても相性のいいれんこんとえびの組み合わせに、大葉のさわやかさがアクセント。下ごしらえがとても簡単なのに、ご馳走感が出るメニューなので、人を招いたときなどにおすすめの一品です。天ぷら衣は余ったら、翌日も使えるので、野菜の天ぷらなどに活用してみてください。

ポテトサラダ

きのこの香りバター炒め

原木しいたけとカマンベールのフライ

ポテトサラダ

材料（4人分）

じゃがいも	2個（350g）
ゆで卵	1個
きゅうり	1本
にんじん	60g
塩、白こしょう	各適量

A	オリーブオイル	小さじ1
	千鳥酢	小さじ1
	塩	小さじ⅛

マヨネーズ	大さじ3

作り方

① じゃがいもは水できれいに洗って芽を取り、半分または4分の1に切る。にんじんも洗って半分に切る。じゃがいもとにんじんを少量の水と一緒にふた付きの鍋に入れ、中火にかけて皮ごとほくほくになるまで蒸す。きゅうりは輪切りにして塩もみし、しっかり水けを絞る。

② じゃがいもとにんじんの皮を熱いうちにむき、ボウルに入れてマッシャーまたはすりこぎでつぶす。ゆで卵も加えてつぶし、塩、こしょうをふり、混ぜる。よく混ぜたAをまわし入れて混ぜ、いったん置いて粗熱をとる。

③ きゅうりとマヨネーズを加えて混ぜ、味見をして、塩、こしょうで調える。

じゃがいもとにんじんは皮ごと蒸して、おいしさを外に逃がさないのがポイント。きゅうりもしっかり水きりをすると、味がまとまります。手に入りやすい男爵でもおいしいですが、むっちりもっちりした食感の、北海道産「キタアカリ」もおすすめ。

きのこの香りバター炒め

材料（2人分）

きのこ（しいたけ、しめじ、エリンギなど合わせて）………………… 200g
オリーブオイル ……… 小さじ1
塩、白こしょう ………… 各少々
香りバター（P23参照）……… 10g
濃口しょうゆ ………… 小さじ1

作り方

① きのこは石づきを取り、食べやすい大きさに切る。
② フライパンにオリーブオイルを入れて中火にかけ、❶を入れ、軽く塩、こしょうをふり、あまり動かさず焼き色をつけるように炒める。香りバターを入れて炒め、溶けたらしょうゆをまわしかける。味見をして、好みでしょうゆを足してもよい。

焼くときに混ぜすぎると、水分ばかりが出て、きのこのうま味が外に逃げてしまうので、じっくりゆっくり焼きつけるように炒めましょう。きのこはほかにマッシュルームやまいたけなど、そのとき手に入るもので。何種類か取り合わせると、食感や香りにバリエーションが出て、おいしくなります。

原木しいたけとカマンベールのフライ

材料（2人分）

しいたけ …………………… 6枚
カマンベールチーズ ……… 2ピース（ホールの⅙個分）
豚ロース薄切り肉 ………… 6枚
塩、白こしょう ………… 各少々
薄力粉、溶き卵、パン粉、揚げ油 ………………………… 各適量

作り方

① しいたけは軸を取り、カマンベールチーズは横3等分にスライスする。豚肉は広げ、片面に塩、こしょうを軽くふる。
② しいたけにチーズをのせ、塩、こしょうをした面を内側にして、全体を豚肉で巻き、薄力粉、溶き卵、パン粉をつける。揚げ油を低温（160℃）に熱し、きつね色になるまで揚げる。好みで塩かハーブ塩を添えていただく。

手間と時間をかけて育てられた、ふっくら肉厚の原木しいたけが手に入ったときに作るメニューです。お酒に合うように、チーズを重ね、豚肉で巻きました。この「重ねる」「巻く」ということはちょっとしたことですが、それだけで少しご馳走感が増す気がします。気軽なおもてなし料理としてもおすすめ。

第6章「冬」

京にんじんや聖護院かぶら、えびいもなど
京都のキリリと冷えた澄んだ空気で育てられ
「また今年もこの季節がやってきた」とうれしくなる
みずみずしい京野菜が、たくさん届く季節です。
一個一個が大きめのものが多いので
煮たり焼いたり、お漬け物にしてみたり
最後までおいしくいただく工夫をお店でも心がけます。
白菜や大根、かぶなど白い冬野菜は
胃腸にやさしい食材としても覚えておきましょう。
寒さが一段と厳しくなるシーズンですから
煮込みやグラタンなど、身体も心も温まるような、
ほっとする料理もおすすめ。

聖護院かぶらのかにあんかけ

地鶏と切り干し大根の香りバター炒め

聖護院かぶらのかにあんかけ

材料（２人分）

聖護院かぶら ········ 300g（1/16個）
昆布 ···························· 3㎝角
かに（ほぐし身）················· 40g

A
- だし（P19参照）·········· 250㎖
- 酒 ······················· 大さじ１
- 薄口しょうゆ ······ 小さじ１½
- みりん ················ 小さじ１
- 塩 ···················· ひとつまみ

- 片栗粉 ················ 大さじ１
- だし（P19参照）······ 大さじ２

みつ葉、柚子皮 ············ 各適量

作り方

① 聖護院かぶらは皮をむき、４等分に切り、面取りをする。鍋に昆布とかぶるくらいの水と一緒に入れて中火にかけ、沸騰直前に弱火にして、やわらかくなるまでしっかり煮る。

② 鍋にAを入れて火にかけ、かにを加える。味見をして、好みで塩を足す。だしで溶いた片栗粉を少しずつまわし入れて混ぜ、あんを作る。

③ 熱々に温めた❶を器に盛り、2㎝長さに切ったみつ葉をのせ、❷をかける。せん切りにした柚子皮をちらす。

聖護院かぶら

京名物のお漬け物「千枚漬け」の原材料としても知られるかぶ。成長すると直径20㎝、重さは２〜４kgになります。甘くてみずみずしく、きめ細かいなめらかな食感が特徴です。

京野菜は、その時季にならないと手に入らず、季節の移りかわりを感じさせてくれるところが魅力のひとつ。この聖護院かぶらも、11月末の寒い時季になって京都から届くと「今年もこの季節になったな〜」と、うれしくなります。スプーンがすっと入るほど、ことことやわらかく煮て、かに風味のやさしい味わいのあんをのせて。心までほっと温かくなる、と毎年「青家」でも好評です。

地鶏と切り干し大根の香りバター炒め

材料（2～3人分）

地鶏もも肉 …………………… 200g
切り干し大根 ………………… 15g
九条ねぎ（P30参照）………… 2本
香りバター（P23参照）……… 15g
濃口しょうゆ ………… 小さじ½
塩、白こしょう ………… 各適量
オリーブオイル ……… 小さじ½
黒こしょう …………………… 少々

作り方

① 鶏肉はひと口大に切り、九条ねぎは斜め切りにする。切り干し大根は水で洗ってその水で戻し、水けを絞り、食べやすい大きさに切る。

② フライパンにオリーブオイルを入れ中火にかけ、鶏肉の皮を下にして入れ、塩ふたつまみをふり、あまり動かさずに焼く。上下を返し、鶏肉に火が通ったら切り干し大根と九条ねぎを加え、塩ひとつまみ、白こしょう適量をふり、香りバターを加え、炒める。バターが溶けてよくからんだらしょうゆをまわし入れて炒める。味見をして好みでさらにしょうゆを足してもよい。器に盛り、黒こしょうをふる。

鶏肉は焼くときに動かしすぎると肉汁が出て、パサパサになってしまうので、あまり動かさず、弱めの中火で「しっとり焼く」ことを意識して。バターじょうゆを吸った切り干し大根がアクセントに。お酒にもごはんにも合うメニューです。

たこと大根のやわらか煮

えびいもの白味噌仕立て

牛すじ味噌煮込み

たこと大根のやわらか煮

材料（3～4人分）

たこ ………………………… 250g
大根 ………………………… 150g

A
- 水 ……………………… 300mℓ
- 酒 ……………………… 100mℓ
- きび砂糖 ………… 大さじ1

昆布 ……………………… 10cm角
たまりじょうゆ（P103参照） ………………………… 大さじ1
柚子皮（または生わさび） ……………………………… 適量

作り方

① たこは鍋に入る大きさに切る。大根は3cm厚さのいちょう切りにする。

② 鍋にA、昆布、❶を入れて中火にかけ、煮立ったらごく弱火にし、ふたを少しずらして30分煮る（煮立たせないように）。

③ たまりじょうゆを加え、ふたを外して落としぶたをし、たこがやわらかくなるまで煮立たせないようにしてさらに弱火で30分～1時間煮る。大根と食べやすい大きさに切ったたこを器に盛り、柚子皮または生わさびのすりおろしをのせる。

たこは煮立たせると皮がはがれて見た目もかわいそうになってしまうので、ごく弱火で、やさしくじわじわと火を入れるのがコツ。すると驚くほどやわらかく炊き上がります。食べるときに切り分けてください。

えびいもの白味噌仕立て

材料（2人分）

えびいも …… 1個（里いもなら2個）
片栗粉 ……………………… 適量
揚げ油 ……………………… 適量
だし（P19参照） ……………… 200mℓ
白味噌 ………… 大さじ2½～3
和がらし …………………… 適量
青みの野菜（ゆでたほうれん草など） ……………………………… 適量

米のとぎ汁がなければ、米小さじ1を入れた水でゆでてもよい。

作り方

① えびいもは皮をむき、半分に切って面取りし、米のとぎ汁（分量外）でやわらかくなるまでゆでる（a）。そのままゆで汁の中で冷ます。取り出して水で洗い鍋に入れ、かぶるくらいのだし（分量外）、きび砂糖ふたつまみ、塩ひとつまみ（各分量外）を入れて、弱火で5～10分ほど煮る。

② 別の鍋にだしを入れて温め、白味噌を溶き、好みの味にする（好みで塩か薄口しょうゆをほんの少し入れてもよい）。

③ キッチンペーパーで❶の水けをきれいに拭き、刷毛で片栗粉をまぶす。揚げ油を低温（160℃）に熱し、香ばしくなるまで揚げる。器に入れ、❷をかけ、からしと青みの野菜をのせる。

えびいも

里いもの品種のひとつで「京いも」とも呼ばれる、京の伝統野菜。里いもよりもさらにねっちりしっとりした食感で、炊き合わせに重宝されます。晩秋の11月頃に届きます。

米のとぎ汁でえびいもを下ゆですると、えぐみやアクが取りのぞかれ、甘味やうま味が増す効果があります。そのあと油で揚げるのは、油のコクと香ばしさを調味料的に加えることが目的。白味噌仕立てで、京都の冬の味を楽しんで。

牛すじ味噌煮込み

材料（3～4人分）

牛すじ肉 …………………… 300g
大根 ………………………… 500g
こんにゃく ………………… 200g
水 …………………………… 1.5ℓ
八丁味噌 …………………… 100g
きび砂糖 ……………… 大さじ6
九条ねぎ（または青ねぎ／P30参照）
……………………………… 適量

作り方

① 牛すじ肉は沸騰した湯で色が変わるまでゆでてざるに上げ、水できれいに洗う（a）。ひと口大に切り、鍋に分量の水とともに入れて火にかけ、煮立ったら弱～中火にし、アクを取りながら30分ほど煮る。

② こんにゃくは下ゆでして（水と一緒に鍋に入れて中火にかけ、沸騰したらざるに上げる）3cm角×1cm厚さに切り、大根は皮をむいて4cm厚さのいちょう切りにする。

③ ❶に❷を加え、砂糖、味噌を加えて（味噌は煮汁で溶いてから）すじ肉がやわらかくなるまで30分～1時間煮る。味見をして、好みの味まで煮詰める。器に盛り、小口切りにした九条ねぎをのせる。いったん冷ますと、より味がなじんでおいしい。

指先で肉の表面に付着したアクや脂をていねいに洗い流す。

八丁味噌

米麹や麦麹を使わず、大豆のみから作られる豆味噌の一種です。名古屋名物の味噌カツや味噌煮込みうどんなどでおなじみで、うま味が強く、甘味が少ないのが特徴。

写真では大根がすっかり飴色になっていますが、コクがあるけれど舌や胃が疲れない、やさしい味わい。牛すじと八丁味噌のうま味をたっぷり吸った大根が、寒い夜に喜ばれます。大根は下ゆでの手間がかからないので、気軽に作れるのもうれしい。ゆで卵を一緒に煮込んでもおいしいです。

さつまあげ

生湯葉と京水菜のおひたし

わかさぎの青のり揚げ

さつまあげ

材料（8個分）

ほたて貝柱（刺身用）……… 130g
大和いも（またはながいも）…… 30g

A
- 片栗粉 …………… 小さじ2
- 酒 ………………… 小さじ1
- 塩 ………………… ひとつまみ
- 白こしょう …………… 少々

れんこん（細いもの／3㎜厚さの輪切り）………………………… 4枚
京にんじん（3㎜厚さの輪切り／P132参照）…………………… 4枚
ぎんなん（あれば）………… 10粒
揚げ油 、薄力粉 ……… 各適量
しょうが（すりおろし）……… 適量

作り方

① ぎんなんは、あれば殻を取り、ゆでて薄皮をむき、半分に切る。

② ほたて貝柱は包丁でみじん切りにしたあとたたき、すり鉢でする（粒が残っていても大丈夫）。

③ ❷のすり鉢にAを加えて混ぜ、すりおろした大和いもと❶を加えてゴムベラで混ぜる。水にぬらした手で、8等分にし、丸める。

④ れんこん、京にんじんのそれぞれの片面に刷毛で薄力粉をまぶし❸にぐっと貼りつけ、揚げ油を中温（170℃）に熱し、きつね色になるまで揚げる。おろししょうがを添えていただく。

お刺身でそのまま食べてもおいしいほたて貝柱をすり身にして、贅沢にさつまあげにしました。ほたてにはそれ自体に塩味も甘味もあるので、調味料は最低限に。包丁でたたくことで食感を残し、野菜とのコンビネーションを楽しみます。野菜は山いもでもおいしい。

生湯葉と京水菜のおひたし

材料（2人分）

生湯葉 ………………………… 25g
京水菜 ……………………… 100g
えのき ………………………… 15g
だし（P19参照）…………… 100mℓ
薄口しょうゆ ………… 小さじ1
糸がつお …………………… 適量

作り方

① 生湯葉は短冊切りにし、京水菜は5㎝長さに切る。えのきは石づきを取り半分の長さに切り、手でほぐす。
② 鍋に湯を沸かし、えのきを入れてすぐに網じゃくしで取り出し、ざるに上げる。続いて水菜を入れてすぐにざるに上げ、水で冷やし、水けをしっかり絞る。
③ だしに薄口しょうゆを入れ、❷と生湯葉をひたす。器に盛り、糸がつおをのせる。

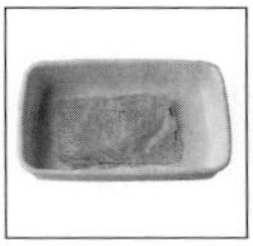

生湯葉
豆乳を加熱したときに表面にできる膜を引き上げて作る加工食品で、栄養価も高く、精進料理の材料としても有名。京都では日常的な食材として親しまれています。

水菜のシャキシャキと、生湯葉のつるんとした食感、えのきのうま味がうれしい、素朴なおばんざい。水菜もえのきも火を入れすぎないように。「おひたし」はだしのおいしさを味わう料理でもあるので、だしはぜひ、きちんと取ったものを使いましょう。

わかさぎの青のり揚げ

材料（2～3人分）

わかさぎ ………… 150～200g
薄力粉 ……………………… 適量
塩 …………………………… 少々

<天ぷら衣>作りやすい分量
薄力粉 …………… 50g（½カップ）
冷水 ………………………… 100mℓ
青のり ………………… 大さじ2
太白ごま油 …………… 小さじ1
塩 …………………… ひとつまみ

揚げ油 ……………………… 適量

作り方

① わかさぎはキッチンペーパーで水けを拭き、塩少々をからめたあと刷毛で薄力粉を薄くまぶす。
② ボウルに天ぷら衣の材料すべてを入れ、軽く混ぜる。揚げ油を低温（160℃）に熱し、❶を天ぷら衣にくぐらせ、香ばしくなるまで揚げる。熱いうちに塩（分量外）をふる。

晩秋から春にかけて旬を迎えるわかさぎを、青のりの香ばしさとともに、かりっと揚げました。骨まで全部食べられます。天ぷら衣に油を入れると、揚げてから時間がたっても、サクサクとした食感が残ります。余った天ぷら衣は、翌日に持ち越すことができますので、野菜の天ぷらなどに活用してください。

京にんじんとすき昆布の炒め煮

京にんじんの炒めなます

肉じゃが

京にんじんとすき昆布の炒め煮

材料（3～4人分）

京にんじん（下段参照）……… 100g
京揚げ（P15参照）……………… 50g
すき昆布 ………………………… 10g
ごま油 ………………………… 大さじ½

A
だし（P19参照）…………… 50mℓ
薄口しょうゆ …… 大さじ1⅓
きび砂糖 ………… 小さじ1

作り方

① 京にんじんはせん切りに、京揚げはざるに入れて熱湯をさっとかけ、油抜きしてから細切りにする。すき昆布は水にひたして戻して洗い、ざるに上げ、食べやすい大きさに切る。
② フライパンにごま油を入れ中火にかけ、にんじんと京揚げを炒める。油がまわったらすき昆布を加え、さらにAを加えて汁けがほぼなくなるまで炒める。

すき昆布
昆布をゆでてから細切りにし、ぬめりを取ってシート状に乾燥させたもの。乾物店で販売されています。水ですぐ戻り、火を入れてもシャキシャキ歯ごたえが残るのがうれしい。

実家でよく食べていた思い出のおかずで、お店でも冬の定番料理のひとつ。冷めてもおいしく、生麩を入れることもあります。にんじんに火が通ったと思ったら、早めに火を止めてください。補血作用があり、胃にもやさしいにんじんの料理は一年を通してよく作りますが、特に京にんじんのおいしさは格別なので、いろいろな料理法を覚えておくと便利です。

京にんじんの炒めなます

材料（2～3人分）

京にんじん ………… ½本（200g）
きび砂糖 ……… 小さじ1½～2
塩 ……………………… 小さじ⅛
白こしょう ………………… 少々
千鳥酢 ……………… 大さじ1½
太白ごま油 ………… 小さじ1

作り方

① 京にんじんはせん切りにする（a）。
② フライパンにごま油を入れ中火にかけ、❶を炒める。少ししんなりしたらきび砂糖、塩、こしょうで味を調え、火を止めて酢を混ぜる。

京にんじんはできるだけ細く均一に切ると、繊細な食感になる。

京にんじん
京野菜のひとつ。オレンジ色の西洋系にんじんと違い、鮮やかな赤色で、肉質がやわらかく、甘味が強いのが特徴。発色のよさから、おせち料理などにも重宝されています。

にんじんのなますは塩もみをして作る方法もありますが、油で炒めたほうが繊維のシャキシャキ感が残ります。こちらの料理も絶対に炒めすぎないこと。にんじんは甘さに差があるので、味見をしながら砂糖の量は加減してください。

肉じゃが

材料（3〜4人分）

じゃがいも（メークイン） ……………………………… 400g
和牛薄切り肉 ……………… 100g
玉ねぎ ……………… ½個（150g）
京にんじん（P132参照）…… 100g
ごま油 ………………… 大さじ1
にんにく（すりおろし）…小さじ¼

A
- だし（P19参照）……… 250mℓ
- きび砂糖 ………… 大さじ1½
- 酒 ………………… 大さじ1
- 濃口しょうゆ…… 大さじ1
- たまりじょうゆ（P103参照） ………………… 大さじ1

みりん ………………… 大さじ½
いんげん（あれば）……… 2〜3本

作り方

① じゃがいもは洗って少量の水と一緒にふた付き鍋に入れ、中火でしっかりやわらかくなるまで蒸す。熱いうちに皮をむき、食べやすい大きさに切る。牛肉は食べやすい大きさに切る。玉ねぎは1㎝厚さの薄切りに、京にんじんは乱切りにする。

② 鍋にごま油大さじ½とにんにくを入れて弱火にかけ、牛肉を炒め、しっかり火が通る前にいったん取り出す。

③ 続いて残りのごま油を入れ、玉ねぎとにんじんを炒める。油がまわったら混ぜたAを入れて中火にし、にんじんがやわらかくなるまで5〜10分ほど煮る。

④ じゃがいもを加え、中火でさらに5〜10分ほど煮る。肉を戻して、アクが出るようなら取り、最後にみりんを入れて火を強め、ひと煮立ちさせる。（味見をし、好みで濃口しょうゆ小さじ1を足してもよい）。さっとゆで、食べやすい大きさに切ったいんげんをのせる。

じゃがいもは生から煮るよりも、あらかじめ蒸しておいしさを引き出してから煮たほうが、じゃがいも本来の風味がしっかり味わえます。しょうゆの半分に「たまり」を使うことで、コクはあるけどしょっぱくない、やさしい味わいに。煮たあと、いったん冷ましたほうが、中まで味がよくしみます。

生麸と里いものグラタン

生麩と里いものグラタン

材料（2〜3人分）

里いも ………… 200g（中2〜3個）
ほうれん草 …………………… ½束
しめじ ………… 1パック（100g）
五穀生麩（あれば／P15参照）
…………………… 40g（2切れ）
玉ねぎ ………………… ¼個（70g）
オリーブオイル ……… 小さじ2
にんにく …………………… 1片
塩 …………………… 小さじ¼

A
- 牛乳 …………………… 100mℓ
- 生クリーム …………… 50mℓ
- 薄口しょうゆ ……… 小さじ½

白こしょう、黒こしょう
…………………………… 各適量
ミックスチーズ …………… 40g

作り方

① 里いもは水でよく洗い、少量の水と一緒にふた付きの鍋に入れ、中火にかけてしっかりやわらかくなるまで蒸す。熱いうちに皮をむき、半分はフォークなどでつぶし、半分は5㎜厚さの半月切りにする（a）。ほうれん草は熱湯でさっとゆで、3㎝長さに切ってしっかり水けをきる。しめじは石づきを取り、手でほぐす。生麩は4等分に切る。玉ねぎは薄切りに、にんにくは芯を取って薄切りにする。

② フライパンにオリーブオイルとにんにくを入れて弱火にかけ、いい香りがたってきたら玉ねぎを入れ、炒める。しんなりしたらしめじ、生麩、切った里いもを入れ、焼きつけるように炒める（里いもにうっすら焼き色がつくとよりおいしい）。塩、白こしょうをふる。

③ ❷につぶした里いも、Aを入れ、全体がとろりとからむまで、よく混ぜながらごく弱火で5分ほど煮る。ほうれん草を加える。

④ ❸を耐熱容器に入れ、黒こしょうをふり、チーズをかけ、250℃に予熱したオーブンで、こんがり焼き色がつくまで20分ほど焼く。

半分はとろりなめらか、半分はほくほくの食感を楽しむ。

マッシュした里いもを5分ほど煮ることによって、よくなじみ、全体がクリーム状になっていきます。強火にすると焦げてしまうので、必ず弱火でよく混ぜること。生麩は食感のアクセントとして入れています。里いもは消化を助け、解毒作用もある野菜なので、胃が疲れがちなこの季節におすすめの食材です。

「青家」とこの本で使っている調味料のこと

「青家」で使っている調味料たちです。
ご家庭にあるものを活用してくださってかまいませんが、
もし味をより「青家」の味わいに近づけたい場合は、
選ぶときの参考にしてみてください。

きび砂糖

精製途中のさとうきびのしぼり汁を、そのまま煮詰めて砂糖にしたもの。さとうきび本来の風味が豊かで、角の立たない、まろやかな甘さが特徴。ミネラル分も豊富です。加える量は少なくても、料理にしっかりコクが出るところがお気に入りです。

塩

料理の味を決めたり、下ごしらえに活用したり、幅広く活用する基本の調味料。いろいろなものを使いますが、未精製の自然塩を使っています。ミネラル分を多く含んだ海塩は塩自体にうま味があり、素材のおいしさを引き立ててくれます。

酢

子どもの頃から慣れ親しんでいる、京都三条の「村山造酢」の「千鳥酢」を愛用しています。伝統的な製法でていねいに造り上げた米酢で、酸味がまろやかでやさしい味わいをしており、「青家」の酢の物やサラダなどに欠かせない存在です。

薄口しょうゆ
濃口しょうゆ

豆のうま味やしょうゆの香りを楽しむときは「濃口」、料理に色をつけたくないときには「薄口」というふうに使い分けています。「薄口」のほうが塩分濃度は高いので、加えすぎに注意。私は「しょうゆの風味がついた塩」を加えるようなイメージで使っています。

太白ごま油・ごま油
オリーブオイル・米油

香りやコクを出したいときはごま油、逆にクセをつけず自然な風味を生かしたいときは太白ごま油を使っています。揚げ油にはクセが少なく、比較的リーズナブルな米油を活用。オリーブオイルは香りとコクを出したいときに。エキストラバージンを使います。

白味噌

白味噌は、京料理では身近に使う調味料のひとつ。昔から愛用している「山利商店」の白味噌は、ほかの調味料を加えなくても、しっかり味が決まる心強い存在。原料は国産の大豆、米麹と、塩、水のみで、少量ずつていねいに造られています。

昆布・かつおぶし

おつき合いのある京都の乾物屋さんから、その時季のいいものを届けてもらっています。昆布はなじみの産地のもので。かつおぶしは酸化すると風味が落ちてしまうので、できるだけ削りたてを、こまめに使い切る習慣をつけるといいと思います。

みりん・酒

伝統的な製法を受け継いで造られた「三州三河みりん」は、料理にコクを与えてくれるほか、素材のうま味を閉じ込めたり、てりを出すのに活躍。酒は「料理酒」でなく、純粋な日本酒を使っています。どちらも「そのまま飲んでもおいしい」が選ぶ基準です。

開店当時からの常連で、気の置けない親友

大宮エリーさんが語る「青家」の魅力

――エリーさんが初めて「青家」に行かれたきっかけは？

大宮エリー（以下O）　近所に住んでいたから。たまたま前を通りかかって、「この店何だろう？」と気になっていたんです。ちょうど会社を辞めてすぐの心細い時期で、「京都のおばんざい」と書いてあったんで、私も関西人だから「何かほっこりしそうだなあ」と思って（笑）。でもすぐには入らなかったですね。人を寄せつけない雰囲気もあって……。でも何回か前を通るうちに「やっぱ、入ってみっか！」と。

青山有紀（以下A）　よく入ったねえ（笑）。当時から営業スタイルは今と同じで、ランチをしていて、夜は会員制で。

O　まずはランチを食べに行った。2006年の5月頃じゃないかな。

A　「青家」がオープンしたのが、2005年の秋だから、オープンして半年くらいの頃やね。

O　第一印象から、居心地がよかった。そのときはまだ、人がわしゃわしゃいる感じでもなかったし。

A　お客さんがあまりいなかった時期ね。しかもエリーはいつも、遅くまで仕事して、閉店間際に来るから。

O　近所だから気を許して、割とスウェットみたいな格好で……。

A　でも靴はきちんとしていた（笑）。

O　それも玄関にあったものを適当に履いていて。「いいかな～」と思っていたんだけど、あるとき、笑いながら有紀ちゃんに「ここ中目黒やで！」って言われて。「おしゃれな街やねんから（笑）！」「ホンマや！」って、今さらながら気づいて、それからはきちんとした服を着ていくようになりました（笑）。

A　でも当時、パジャマなお客さまが実は多かったんです。芸能関係の方ですけれど、パジャマで上の階にすっと上がって、ごはんを食べてさっと帰る、みたいな。それが気を許してもらえているような気がして、何だかうれしかったですね。

O　私はパジャマじゃないですよ（笑）。まあ人には会えないような格好で来ていましたね。単にごはんをリラックスして食べられたらと思って。

亡くなったお姉さんを介したふたりの不思議な出会い

O　当時からお店の雰囲気、全然変わってないよね。料理も奇をてらったり、すました感じじゃなかったし。「手の込んだ、いい家庭料理」みたいな。「青家」は割と定番が多くて、いつ来ても似たメニューなんだけど、それが飽きないし、安心感がある。毎日食べてもいい感じやったね。

A　いつもひとりでふらっと来てくれてたね。ひとりなのに、料理をいっぱいテーブルに並べて、黙々と食べていた（笑）。

O　最初の頃は、ずーっとひとり。有紀ちゃんに初めて声をかけられた

おおみや・えりー

作家・脚本家・映画監督・演出家・CMディレクター・CMプランナー。大阪生まれ。広告代理店勤務を経て、2006年に独立。映画『海でのはなし。』で映画監督デビュー。主な著書に『生きるコント』『生きるコント2』(ともに文春文庫)、『思いを伝えるということ』(文藝春秋刊)など。http://ellie-office.com/

ときもひとりで。それまではスタッフの子としか話したことがなくて、オーナーの女性が「話がある」って、すごく怖くって「何か怒られるんかな」とビクビクしちゃった。

A 姉が亡くなった直後の頃やね(P52参照)。「何があってもお店は絶対に閉めたらあかん」と思ったんですよ。とにかく平常心を保ったまま……保てていたかはわからへんけど、スタッフにもそう言い聞かせて。忌引で数日間休んだあと、姉が命がけで作ったお店を、私が守っていけるんかと考えたら、戻るのが怖くて怖くて。スタッフにそういう自分を見られるのも怖かった。そんな復帰の日に、「あの子にどうしても会いたい」と、なぜか理由もなく、エリーのことを思ったんよ。その「会いたい」と思った瞬間にドアを開けて入ってきたから、思わず「何で入ってきたん?」って言っちゃって。

O 「何でって……ごはん食べに来たんですけど?」(笑)

A そこで私が「一緒に飲みに行きませんか」と、その場で誘ったら電話番号を教えてくれて、翌日さっそく。自分でもびっくりな行動やった。

O 11月20日やった。なぜならその翌日が私の誕生日だったから。見ず知らずの人と、その人の身の上話をうんうん聞いているうちに、日付が変わって誕生日になっちゃった。

A 居酒屋さんでケーキがないから、かまぼこに「おめでとう」と書いてもらって(笑)。まわりが心配するからと、家族や友達にも、誰にも言えなかった気持ちを、姉を知らない人と話したかったのかもしれへんなあ。エリーはその間ずっと、なぜか涙を流してくれて。

O 不思議な夜やったよね。私はお会いしたことがなかったけれど、その夜は何だかお姉さんがそばにいてくれるような気がして。その日がきっかけで、何かこう、「有紀ちゃんを守らなきゃ」と……いや、もちろん守れるわけがないんやけどね。でも近所やから、「何か手助けできへんかなあ」と思うようになり……。お姉さんの四十九日にも、たまたま親族しか来てない日に偶然お店に行ってしまって、全然関係ないのに「家族みたいなもんやから」と、お母さんに迎えてもらったり。ホームパーティーにも呼んでもらったりして。私、ホンマに人見知りで、誰とでも仲良くなれる人間ではないんやで。誰も信じてくれへんけどね。特にこういう家族ぐるみっていうのは本当に稀で。私が仕事で不安を抱えていたりすると「絶対大丈夫!」と、励ましてくれたり。応援しているつもりが、私が応援してもらうために行くようなところもあったり。お店の雰囲気は変わってないけれど、有紀ちゃん自身がその後いい意味で、すごく変わっていって、それを近くで見ていると、素晴らしかった。

“オーナーと仲がいいからとは別で、
「青山有紀の家に来ている」
という感じがすごくあるかな”

A　エリーは料理のことで怒ってくれたこともあるよね。エリーが制作会社の方を連れてきてくれたとき、たまたま、当時働いていたスタッフとお店でケンカして。「地鶏の山椒焼き」を泣きながら焼いて作ったら、あとから厨房に入ってきて、「どうしたん」と言ってくれた。

O　え、ホンマ？　全然覚えてない。

A　「何かあったやろ」と言われて。「ああ、そういうことか。料理というものは本当に、作る人の気持ちがそのまま味になるんやなあ」と教えてくれた、大切な体験やったんよ。

O　そうなんやー。思い切ったことをやりましたな、私も。私全然クレーマーとかじゃなくて、お皿に虫が入っていても、そっとつまんで「ああ……なかったことにしよう……」と思うタイプなんよ。あんまり人に怒るのが好きじゃないし。まあきっと、出会った感じが神秘的やったんで、お姉ちゃんの代わりじゃないけれど、「自分、言わなあかんな」と、へんな責任感があったんやろうね。精神的なものが、料理にとてもよく出ていた時期やったんじゃないかな。割と得意な「辛鍋」に関しても、「味が安定してへんな〜」というときもあったから。でも初期のうちだけやったよ。やっぱり有紀ちゃんも、最初はひとりで大変やったろうし、スタッフもフィックスしていなかったしね。それが今は、こんなに安定して。

A　いやいや、まったく安定してないよ。

O　いやいや、結婚する前くらいかな。「この人、変わってきたな〜」とすごく思うようになった。あれだけの人数のスタッフをしっかり束ねて。きちんと叱るしね。朝礼でも、「自分はこういう気持ちでいるから、こうしてほしい」と説明して。「こういうふうにしてほしい」だけだと命令になっちゃうけど、「こういう理由で」「こういうコンセプトの店だから」「お客さまにこういう気分になってもらいたいから」と、そういう細かな部分まできちんと伝える。根っから真面目やから、経営者としても立派になられて（笑）。悩みごと相談でしょっちゅう呼び出されていた頃が懐かしい。今はそういう呼び出しは一切ないからね。昔は「また電話かかってきたー」って。近所やから、すぐ呼ぶんよね。１１０番じゃないんやから（笑）。

A　エリーは私の駆け込み寺的な存在なんで（笑）。

格好よくないところが
逆に格好いい「青家」

——エリーさんから見て、「青家」の魅力はどんなところですか？

O　お店っぽくないところ。家っぽいというか。お店と思ったことが、実はあんまりないです。それはオーナーと仲がいいからとは別で、「青

山有紀の家に来ている」という感じがすごくあるかな。一般的にお店は、誰が作っているかわからないような、どこか得体の知れないところがあるじゃないですか。でも有紀ちゃんはこんなに有名になっているのに、人任せにしないで可能な限り厨房に立っているんですよ。それをいつも「楽しい、楽しい」って。これはエライと思います。あと格好つけてない感じ。内装も全部手作りでやっているし。「トイレの壁の色、すごくいいね」と言ったら、「自分で塗ってん。ペンキ買《こ》うてきてなあ」って。この切り絵の行灯みたいなものも、有紀ちゃんの友達が作ったものなんやろ?

A そうそう。

O そういうのが……ちょっと言い方へんやけど、格好悪いのがいいんよね。洗練されていないというか。

A 本当にそう。格好よくできない。

O だからみんなこの店に来るんじゃないかな。疲れないというか、肩ひじ張らないでいいというか。

A だからお店には、逆に格好いい人が来てくださる。格好よくないものを求めて。お客さま、みんな格好いいな~と思うもん。

心の中にずっと残る「食べ物ができること」

O 私は映画観ないし本もあまり読まないので、逆に料理とかに影響を受けるんです。口に入れたときの感じとか、食べ終わったあとに残る気持ちとか、「ああ、こういう作品を作りたいな」と思ったりする。だから私にとって料理とは、インスピレーションのもとというか、とても大事なもの。有名じゃない、街のそば屋とかもよく行きます。そこのご主人が「俺、そばに自信ないから、コロッケ食べてって!」とか言ったりして、そのコロッケがめちゃくちゃおいしかったりね。そういうのもすごく好きで、ぐっとくる。やっぱり職業柄、有名なお店とかも行ったりするんですよ。すごく格好よくて、すごくきれいに作ってあって、確かに味はおいしいんだけど……あとに何も残らない料理って、あるでしょう。食べた気がしないというか。そば屋のコロッケは別に格好よくはないけれど、そっちのほうが料理の使命を果たしているというか、妙に感動するんですよね。そういう作り方をしているのが「青家」の料理だなあと思っています。「九条ねぎのパジョン」や「里いもの炊いたんの唐揚げ」とか大好きだし、「あー寒いなあ、『鶏鍋』が食べたいなあ」「最近疲れているから、『辛鍋』食べたいな」というふうに、「あれ食べたい」と思わせるものが、どれだけあるかがお店の命でしょう。「青家」の料理はそれぞれが個性あふれるメンバーみたいで、それがチームになっている感じですね。

“清々しい料理が多いよね。
それでいて、もっといろんな料理が
できてくるんじゃないかなあと思う”

O それにしてもお姉ちゃんは、有紀ちゃんの料理の才能を見抜いていたんやねえ。

A 当時は「のせられてるな」くらいにしか思わなかった。でも実は、かつて姉が言ってくれていた言葉と同じことを、エリーが手紙で書いてくれたことがあって。自分ではすごく言いにくいんですけれど、「あんたは料理の天才や」と。でもその「天才」は……格好いい、いわゆる「天才」ではなくて、「きちんとがんばれば、できる」という意味で言ってくれたと思うんです。お店は当初7年の定期借家だったので、とにかく7年間は姉が残してくれたお店をつぶしたらあかんとがんばってきたけど、その間には「別に自分でお店をやろうと思ったわけじゃないし」と、考えることもあったんです。でも料理もお店も、「姉のため」「お客さんのため」「誰かのため」ではなく、「自分が好きだからやっているんや」ということに気づいて。それを思わせてくれたのも、エリーのおかげだったと思っています。

思いを伝える手段ができた薬膳の勉強

O お店をしながら薬膳の大学に通ってた1年間も、すごかったよね。全然寝てない。「有紀ちゃんはすごいなあ、よくやるなあ」と思っていたよ。

A 大学に行く決断をさせてくれたのもエリー。「勉強したいねん」と言ったら、「いいやん、いいやん」と背中を押してくれた。「食の大切さ」と言うと少し大げさに聞こえるかもしれないけれど、病気で寝ていた姉が「これからは食がどんどん重要になってきて、私は自分の身体を使ってその経験をしているから、あなたは必ずそれを世間に伝えてね」と言っていて。当時は「いやいや、死ぬわけじゃないんやから」「一緒にやろうよ」と聞き流していたんやけど。それまでは自分が「いい」と思っている事柄を、世の中に伝えるすべがなかったから。

O 出会った当時から、「○○の症状のときは、○○を食べるといい」とか、聞きかじったような知識はあったよね。それまでインスピレーションや才能の部分で何となく作っていたものが、学問を学ぶことで裏打ちされ、自信が出たというか。「食べ物で人を救いたい」「助けたい」とずっと言っていたけれど、それなら絶対に勉強をしたほうがいいと思っていたから、よかったなあと思って。

A 私の結婚式のときに作ってくれた、メッセージビデオが感激で。紙粘土を使って、物語を作ってくれたんだけど、音楽も自分でつけて。

O クレイアニメというほど大したものじゃないけれど、基本的には、有紀ちゃんをテーマにした物語。「青家」の名物、「辛鍋」を黒いお鍋の

キャラクターにしてね。

A　私だけでなく、みんなのテーマになる作品だと思うよ。「みんなに元気になってもらいたい」と思いながら、鍋を作り続けている「お鍋さん」なんやけど、「おいしい」「おいしい」と食べてくれるのに、泣いている子は泣いているまま。笑顔になってくれない。自分の思いがみんなに伝わらない。「何でだろう、何でだろう」と悩んで、山にこもってしまう。でも村の長老的なフクロウさんの助けもあり、「自分が楽しい気持ちで作ったら、誰かにも楽しくなってもらえるし、うれしい気持ちで作ったら、誰かにもうれしくなってもらえる」と気づく。お料理には自分の心がすべて表れるから、自分自身を満たさないで、ほかの人を満たそうと思ってもダメで。昔の私はまさにそんな状態やったと思う。でも、どこにも逃げないで、本当に心の底から「この仕事をやり続けたい」と思うようになった。そこからやね。お客さまから「青家の料理を食べて、本当に元気になりました」とお手紙をいただいたり、心の病気になってしまった方が、「もうちょっとがんばってみようと思います」とおっしゃってくださったり。

O　へえ～、すごいね。でもその話は、有紀ちゃんのそばにいて思ったことを、かたちにしただけなんだよね。「寿ビデオ作って」と頼まれたから、よくあるふたりのなれそめ的なものを作ればいいのかなと思ってたら、「作品作ってほしい」と言われて。「た、大変やなあ」と思いながらやりました（笑）。懐かしいなあ。

食べる人がいて完成する「青家」の料理

O　世の中にはおいしくするために、凝った食材使ったり、いろんなもの入れたりすることがあるやん。でも「青家」にはそういうのが全然なくて、清々しい料理が多いよね。でもそれでいて、もっといろんな料理ができてくるんじゃないかなあと思うし、完成されている感じがしないよね。有紀ちゃんの料理が、きっと進化していくような気がするから、すごくおもしろい。

A　うれしい（笑）。でも本当に、料理は完成がないのが、いいことだと私も思っていて。

O　そうやね。

A　作品ではなく、どんなときも食べてくれる人がいるのが前提の料理を作っているから。自分だけで完成しないし、できないというのが大事。料理本や雑誌などでのレシピも、「私の考えた味を皆さんも作ってください」という気持ちは一切ないんです。作る人の家族の好みや体調、その時季の素材の味わい次第で加減して、食べる人が「ああ、おいしい」と感じてくれるのが、いちばん大切なことだと思うんです。

撮影　神林 環
アートディレクション・デザイン　TUESDAY（戸川知啓＋戸川知代）
構成・取材　田中のり子

会員制おばんざい店の人気の味、いただきます！
「青家」のごはん

2013年4月10日　第1刷発行
2013年5月7日　第2刷発行

著者　青山有紀
発行者　髙橋あぐり
発行所　株式会社 集英社
〒101-8050 東京都千代田区一ツ橋2-5-10
電話　編集部 03(3230)6205
販売部 03(3230)6393
読者係 03(3230)6080
印刷　大日本印刷株式会社
製本　ナショナル製本協同組合

定価はカバーに表示してあります。

ISBN978-4-08-780668-7 C2077